INTRODUCTION

Comment en est-on arrivé là ? Le monde semblait aller bien ; la liberté politique et l'initiative individuelle paraissaient pouvoir s'épanouir jusque dans les coins les plus reculés ; la pauvreté commençait à se réduire en Asie et en Amérique latine ; la croissance économique de la planète était la plus rapide de l'Histoire ; tout laissait augurer qu'elle allait se poursuivre pendant plusieurs décennies grâce à un très fort essor démographique, à l'existence d'une épargne abondante, à des progrès techniques extraordinaires permettant par surcroît de la réorienter vers un développement plus durable.

Et voilà que, sans préavis, nous sommes à l'aube d'une dépression planétaire, la plus grave depuis quatre-vingts ans.

Entre les deux, en apparence pas grand-chose, si ce n'est certaines familles américaines incapables de rembourser un crédit sur leur logement.

L'objet de ce livre est d'expliquer ce mystère aussi simplement que possible, de prévoir où il nous mène, de sorte que l'on ne nous y reprenne plus. Pour cela, il nous faudra replacer les événements récents dans leur contexte historique, démystifier les raisonnements que suscitent toutes les paniques, donner une lecture neuve de cette crise et de ce qui nous attend.

Mais comme rien ne s'explique clairement qui ne puisse être énoncé brièvement, voici un résumé du contenu de ce livre en quelques lignes, puis en une dizaine de pages.

D'abord en quelques lignes :

Cette première crise financière de la mondialisation s'explique très largement par l'incapacité de la société américaine à fournir des salaires décents aux classes moyennes ; elle les pousse alors à s'endetter pour financer l'achat de leur logement, entraînant une croissance de la valeur des patrimoines et de la production ; les institutions financières et les « initiés » qui les animent s'octroient, sans aucun contrôle des banques centrales, des gouvernements ou des institutions internationales, l'essentiel de la richesse ainsi produite, sans courir le moindre risque, grâce à la titrisation (CDOs[1]) et à une pseudo-assurance (CDS) ; ce qui permet, en retour, une croissance de l'endettement qui finit par devenir intolérable et entraîner panique, perte de confiance et fuite devant toute dette. Voilà qui pourrait déboucher prochainement sur une profonde dépression planétaire ou, au contraire, constituer le point de départ d'une formidable croissance harmonieuse. Celle-ci supposerait la réduction réelle des endettements et non, comme on a commencé à le faire, leur transfert exclusif sur les contribuables. Elle exige surtout de rééquilibrer à l'échelle de la planète le pouvoir des marchés par celui de la démocratie. Et d'abord celui des

---

1. Voir glossaire en fin de volume, p. 213 *sq*.

marchés financiers par celui du droit ; celui des « initiés » par celui des citoyens. Il est encore temps : on peut prévenir une avalanche, non l'arrêter.

Ce qui peut aussi se résumer cette fois en quelques pages[1] :

L'humanité a toujours traversé des crises, qu'elles aient été religieuses, morales, politiques et économiques. Depuis que le capitalisme a pris le pouvoir, la crise semble même son état naturel. Pourtant, chacun sent bien qu'un choc majeur est en cours, qu'une grande dépression menace, comme une mauvaise surprise dans un monde plein de promesses ; et chacun devine que, d'une certaine façon, quelque chose de très profond, dans notre mode de vie et notre façon de penser, est confusément en train de changer.

Pour moi, la crise actuelle s'explique simplement : si le marché est le meilleur mécanisme de répartition des ressources rares, il est incapable de

---

1. Mais aussi sous forme de quelques schémas : voir p. 232-235.

créer par lui-même l'état de droit dont il a besoin, ni la demande nécessaire au plein usage des moyens de production. Pour qu'une société de marché fonctionne efficacement, il faut à la fois qu'un état de droit garantisse le droit de propriété, impose le maintien de la concurrence, et crée une demande par des salaires décents et des commandes publiques ; ce qui suppose une intervention politique, si possible démocratique et non totalitaire, dans la répartition des revenus et des patrimoines. Faute d'avoir pu imposer cette meilleure répartition des revenus, on a vu se développer, depuis vingt ans au moins, en particulier aux États-Unis, une demande nourrie par l'endettement des salariés, lui-même gagé sur la valeur des biens achetés avec cette dette. Pour rendre cet endettement tolérable, la Banque centrale américaine a dû baisser les taux d'intérêt à partir de 2001, fournissant une nouvelle source d'enrichissement à ceux qui disposaient des moyens de savoir comment investir au mieux en s'endettant. Enfin, pour se couvrir contre les risques créés par ces dettes, les institutions financières privées et les « initiés » qui les animent ont choisi, pour maximiser leurs gains, de mettre en place des mécanismes d'assurance très complexes (tels le CDS et les rehausseurs de crédits) et des mécanismes de titrisation plus complexes encore (comme les CDOs et les ABS) – dont j'expliquerai plus loin la signification. Cela permet de transférer le risque à d'autres banques ou institutions financières à travers le monde et à des investisseurs qui ne les comprennent pas. Là encore, sans aucun contrôle. Au premier rang de ces maîtres des marchés financiers et de l'information, les États-Unis d'Amérique. La Chine (par son épargne piégée dans des bons du Trésor américain qu'elle ne peut revendre sans faire s'effondrer le dollar et détruire la compétitivité à l'exportation de son industrie) et l'Europe (par son épargne piégée dans ses propres banques par la titrisation et l'assurance) financent l'une et l'autre une Amérique vivant de plus en plus très au-dessus de ses moyens.

Ces rentabilités très élevées et ces transferts des risques ont été aussi très largement encouragés à partir de 1990 par les fonds d'investissement (en capital ou spéculatif) qui ont besoin de taux de profit de plus en plus hauts, en raison de l'avidité sans frein ni limites de leurs investisseurs. Encouragés aussi par les fonds de pension, dont les exigences augmentent avec le vieillissement de la population.

Comme, à cette période, tout va bien en Californie, et comme les prouesses technologiques américaines sur Internet continuent d'étonner le monde, personne ne voit qu'une part essentielle des talents et des capitaux est détournée vers le système financier lui-même au détriment de l'industrie et de la recherche.

Sentant que tout cela n'aura qu'un temps, les arrangeurs de produits financiers destinés aux prêteurs et aux emprunteurs (qui font partie de ce que je nomme les « initiés »), augmentent la part qu'ils prélèvent sur les richesses produites.

À l'autre bout de l'échelle sociale, les ménages américains les plus pauvres ou les plus endettés, à qui on a proposé de nouveaux prêts immobiliers (dits *subprimes*, pour désigner justement les prêts « sous la première catégorie ») ont cru sortir de la précarité en acceptant l'argent que la hausse de la valeur de leurs maisons leur permettait d'emprunter, tandis que les institutions ayant émis ces crédits les regroupent alors en titres pour renvoyer le risque sur d'autres épargnants. À partir de l'hiver 2006, beaucoup d'entre eux se sont trouvés incapables de payer leurs échéances sur ces prêts.

À partir de la mi-2007, sans que les agences de notation aient rien décelé, sans que le FMI ait rien dit, sans même que le G8 en ait parlé, tous les actifs titrisés commencent à susciter des doutes. Des banques américaines, puis suisses, puis à nouveau américaines, puis anglaises, belges, allemandes, françaises, découvrent, l'air de n'en avoir rien su, qu'elles en ont dans leurs bilans. Beaucoup… Les agences fédérales américaines en charge du logement, puis les compagnies d'assurances, puis les épargnants paniquent. Chacun veut se débarrasser de ces dettes. De nombreux pays voient fuir leurs capitaux ; les banques, dans tous les pays développés, inquiètes de ce qui peut encore se trouver de « toxique » dans leurs comptes, coupent leur crédit à beaucoup d'entreprises saines. Celles des banques et ceux des pays qui, jusque-là, n'hésitaient pas à financer les déficits américains, commencent à s'interroger.

Au début de septembre 2008, on passe ainsi de l'économie de la confiance à la panique. Une crise financière majeure explose. Elle est l'occasion de découvrir que le système est largement corrompu, rémunérant grassement ceux qui le contrôlent et le jugent, et distribuant des revenus indécents aux responsables de ces désastres.

La peur s'installe plus encore. Chacun se protège en épargnant davantage et en refusant de prendre plus de risques. Les marchés interbancaires se ferment. Comme toujours, c'est le moment que choisissent les gouvernements pour proclamer que tout va bien ! Parfaitement lucides, les citoyens en tirent la conclusion que la catastrophe est au bout de la route. Et, en le pensant, ils la précipitent.

Le 3 octobre 2008, le système financier mondial frôle l'effondrement, faute de liquidités. Le 13 du même mois, les gouvernements du G8 annoncent leur intention de fournir à leurs banques des ressources dont ils ne disposent pas. Après un formidable carambolage idéologique, des banques et des compagnies d'assurances américaines et anglaises sont sauvées par des nationalisations de fait, et par la promesse d'un argent public inexistant. La dette privée devient une dette publique.

Pour autant, rien n'est réglé : la crise ne fait que commencer ; la récession est là ; le désendettement s'accélère ; la dépression menace. Elle va maintenant, si rien n'est fait, toucher très profondément les entreprises, les consommateurs, les travailleurs, les épargnants, les emprunteurs, les villes, les nations.

Inquiètes de leur avenir, les banques, ayant vu fondre leurs fonds propres, refuseront alors de prêter à des entreprises parfaitement saines qui tomberont en faillite. Les banques elles-mêmes devront réduire leurs crédits, ou être nationalisées. La Chine, qui, après le Japon, permet depuis des années aux États-Unis de payer leurs fins de mois, rapatriera progressivement son épargne. Les États-Unis ne trouveront alors plus personne pour financer leur dette, sauf à recourir à un moratoire ou à l'inflation qui ruineront l'un comme l'autre tous ceux qui détiennent un patrimoine, et qui feront s'effondrer le dollar, déjà discrédité par la dette extérieure américaine.

Deux, sinon cinq ou même dix ans de dépression menaceraient : le temps de réduire à néant les dettes des principaux pays occidentaux. Cette dépression entraînerait une baisse massive des prix que même une grande relance par les dépenses publiques ne suffirait pas à ralentir.

La crise financière mondiale, devenue économique, basculerait alors dans une crise sociale et politique majeure ; des centaines de millions de gens seraient menacés de chômage ; le régime politique lui-même serait critiqué, rejeté comme incapable de maîtriser le « golem » des marchés qu'il aura contribué à créer. Puis viendrait, violente, l'inflation. Toute l'idéologie de nos sociétés individualistes et déloyales serait remise en cause. Et la démocratie avec elle.

Si l'on veut éviter que l'Histoire prenne ce tour terrible, il est temps de comprendre que tout cela trouve sa source dans le déséquilibre entre le marché et l'état de droit : ce déséquilibre réduit la demande, la transfère sur la dette et crée des rentes financières majeures, légales, a-légales, illégales, voire criminelles. Parfaitement conscients des risques que le développement anarchique des marchés fait courir au monde, les « initiés » font alors tout pour maximiser leurs profits, comme des voleurs se hâtant de rafler le plus possible d'or dans le coffre d'une banque, prenant tous les risques dans les dernières secondes d'un hold-up, juste avant l'arrivée de la police.

Il est temps de comprendre que les contribuables paient aujourd'hui les bonus des banquiers qui les ont plongés dans une pareille situation. Il est aussi temps de réaliser que cette crise peut représenter une chance pour le monde, ultime alerte sur tous les dangers d'une globalisation anarchique et gaspilleuse.

Il est temps de mesurer que nous disposons des moyens humains, financiers et technologiques pour faire en sorte que cette crise ne soit qu'un accident de parcours ; qu'on n'en sortira que si l'information économique et financière est équitablement répartie et disponible pour tous et en même temps ; que si les marchés financiers, mondiaux par nature, sont équilibrés par un état de droit planétaire ; que si cesse cette finance-casino ; que si le métier de banquier redevient modeste et ennuyeux, ce qu'il n'aurait jamais dû cesser d'être ; que si est mis en place à l'échelle mondiale un réel contrôle des risques et des exigences de liquidité ; que si sont décidées une révision des systèmes de rémunération, une séparation entre activités de marchés et activités bancaires, une obligation pour celui qui fait courir un risque à d'autres d'en prendre sa propre part ; que si on sait mettre en place, à l'échelle planétaire, de grands travaux écologiquement durables, comme on l'a fait jusqu'ici à l'échelle de certains pays.

Il est hélas à craindre que presque rien de cela ne sera fait à temps.

Et pourtant, comme la « crise des tulipes » a pu, en 1637, ouvrir la voie à cent cinquante ans d'une formidable croissance des Provinces-Unies, la crise des subprimes, première véritable crise de la mondialisation, pourrait accélérer considérablement la prise de conscience de la nécessité de mettre en place, un jour, une socialisation de l'essentiel des fonctions monétaires, instruments de la souveraineté, un égal accès au savoir, une demande mondiale stable, un salaire mondial minimal, un état de droit mondial, prélude, à terme, à un gouvernement mondial.

Un siècle au plus nous sépare de cette évidence. Et, sans doute, encore nombre de crises et de guerres…

Chapitre 1

Les leçons des crises passées

L'humanité a toujours traversé des crises, qu'elles aient été religieuses, morales, politiques et économiques. Depuis que le capitalisme a pris le pouvoir, la crise semble même son état naturel.

Pourtant, chacun sent bien qu'un choc majeur est en cours ; qu'une grande dépression menace, comme une mauvaise surprise dans un monde plein de promesses ; et que, d'une certaine façon, quelque chose de très profond, dans notre mode de vie et d'organisation sociale, est confusément en train de changer.

Mais quoi ? Dans cette crise, chacun cherche d'abord à imposer ses a priori idéologiques et politiques. Suivant celui qui parle, elle serait le signe de la faillite de la mondialisation ou, au contraire, la preuve de la nécessité de l'approfondir ; elle signalerait l'urgence d'en finir avec les bureaucraties, ou celle d'une régulation, voire d'une appropriation collective planétaire ; l'annonce d'une inflation, ou la menace d'une déflation ; la démonstration de la nocivité de l'endettement, ou la preuve qu'il convient, au contraire, d'emprunter davantage ; l'importance de la concurrence des banques privées, ou la nécessité de leurs nationalisations.

La crise financière actuelle n'est pas la première dans l'Histoire ; elle est seulement la première qui soit véritablement planétaire. Elle commence à devenir aussi une crise économique. Elle n'est pas encore une crise monétaire. Comme tout ce qui advient depuis longtemps à l'humanité, dans le bien comme dans le mal, elle est plus profonde, plus brutale, plus ample, plus puissante que toutes les précédentes ; et elle s'inscrit dans la brève histoire de notre avenir comme une accélération, non comme une inflexion.

Pour la comprendre, il faut, comme pour tout événement de ce type, se souvenir des précédents.

Depuis qu'a débuté le capitalisme, au XIIe siècle, à Bruges, chaque crise financière majeure se déclenche dans la principale place financière du moment, qui est aussi en général le « cœur » économique et politique. Elle commence par fragiliser la monnaie, le budget, les établissements bancaires du « cœur », puis elle conduit soit à sa consolidation, s'il sait instaurer les protections nécessaires, soit à son remplacement par un autre « cœur », s'il ne trouve pas de solution.

Ainsi, par exemple, de la crise financière de Gênes : vers 1620, cette ville-cœur, alors principal marché de l'or et de l'argent d'Amérique, est fragilisée par une récession venue d'Espagne, dont elle dépend ; elle ne peut empêcher les Hollandais, enfin libres, de prendre le contrôle des nouvelles routes de l'Atlantique et d'attirer à Amsterdam l'or et l'argent d'Amérique. Le cœur du capitalisme bascule ainsi une troisième fois (après Bruges et

Anvers) vers l'Atlantique. Cette fois sans retour : la Méditerranée devient pour toujours une mer secondaire ; les pays qui l'entourent, dont la France, perdent même à jamais le contact avec le « cœur ». Leur niveau de vie sera désormais toujours inférieur à celui des nouvelles puissances, et d'abord à celui d'Amsterdam, le nouveau « cœur ».

Celui-ci est immédiatement victime d'une euphorie financière sur ses marchés non encore réglementés. En 1636, se déclenche en effet une spéculation sur un bien alors très important, symbole de luxe et de richesse, le bulbe de tulipe. Et comme son cours monte, chacun vient surenchérir et le fait monter plus encore – jusqu'à vingt fois le revenu annuel d'un artisan très spécialisé ; jusqu'à ce que quelques-uns réalisent que ce prix est devenu absurde, sortent ostensiblement du marché, inversant l'euphorie en panique selon une courbe qui se répétera souvent. Cette crise, qui met fin à ce qu'on appellera plus tard le « commerce du vent », conduit à la structuration des marchés financiers des Provinces-Unies. Elle leur permet d'attirer ensuite en toute confiance les capitaux du monde entier et de les investir pour leur compte, s'appropriant l'essentiel des profits dégagés grâce à cette épargne. Elles construisent en particulier, avec ces ressources, une flotte de commerce et de guerre grâce à laquelle elles conserveront le pouvoir pendant un siècle et demi.

En 1720, à Londres, alors principal concurrent politique, économique et financier d'Amsterdam, l'éclatement de bulles spéculatives sur les titres et les monnaies entraîne la faillite de la Compagnie des mers du Sud et de plusieurs banques. Ce qui conduit le gouvernement britannique à structurer la City. Cela aide à la prise du pouvoir de la Grande-Bretagne sur les Provinces-Unies, concrétisée quand, en 1780, les armateurs hollandais, suivis par les meilleurs financiers, quittent les Pays-Bas pour Londres, devenue la ville la plus sûre et la plus dynamique d'Europe. Quand, huit ans plus tard, les principales banques des Pays-Bas font faillite, le « cœur » du capitalisme traverse définitivement la mer du Nord pour s'installer sur les rives de la Tamise où démocratie et marché progressent d'un même pas. En 1844, une nouvelle crise financière permet à la City de consolider son pouvoir en installant une Banque centrale et en imposant la primauté de l'or dans la fixation de la parité des monnaies.

Vers 1890, l'Empire britannique, en apparence triomphant, est épuisé par un endettement accumulé pour financer la défense de ses colonies, en particulier le Raj indien qui ne rapporte pas du tout ce qui était prévu. La plupart des banques anglaises tombent alors en faillite, comme un demi-siècle plus tôt. Mais, cette fois, la place de Londres n'y résiste pas : elle est supplantée, avant même le début du XXe siècle, par Boston comme huitième « cœur » de l'économie mondiale et par Wall Street comme centre financier.

En 1907, comme Amsterdam et Londres avant lui, le « cœur » américain est consolidé par une crise financière qui entraîne la création à

Washington d'une Réserve fédérale, et le remplacement progressif de la livre par le dollar dans les échanges internationaux.

Le marché financier planétaire change à ce moment, une fois de plus, de nature. Avec l'approche de la Première Guerre mondiale, des banques (J.P. Morgan, Rockefeller, Chase, City, Lehman Brothers, Morgan Stanley) créées pour la plupart au XIXe siècle, deviennent des instruments de collecte massive de l'épargne et de placement de titres : d'abord des bons de guerre, puis des actions et des obligations. Les marchés de capitaux deviennent le principal mode de financement des entreprises, lesquelles déterminent peu à peu leurs stratégies en fonction de leurs cours de bourse. Ceux qui, « initiés », sont informés avant les autres de l'existence de mines d'or, de gisements de pétrole ou de toute autre opportunité de faire des profits, édifient des fortunes considérables avec l'épargne des autres.

La Première Guerre mondiale accélère l'industrialisation de la production mécanique américaine par la généralisation du travail à la chaîne, lancé un peu plus tôt par Henry Ford ; les salaires augmentent ; de nouveaux instruments d'investissements apparaissent, comme les holdings et les trusts, sans aucun contrôle ; les banques américaines, qui mêlent activités de dépôt et d'investissement, commencent à se substituer aux banques anglaises ; elles prêtent généreusement, en Amérique et aux quatre coins du monde, à tous ceux qui veulent bien emprunter pour acheter des logements ou des titres. Le capitalisme américain semble se porter à merveille – sauf pour les plus pauvres, en particulier les Noirs et les Blancs de la région des Appalaches.

Au même moment s'annonce une crise majeure, la plus lourde de l'histoire jusqu'à celle d'aujourd'hui, dont il est important de méditer les leçons pour comprendre celle qui se déroule à présent.

D'abord, à partir de 1919, l'engouement des Américains les plus riches se porte sur l'immobilier en Floride. Ceux de la classe moyenne supérieure empruntent aussi pour pouvoir y acheter des résidences secondaires ; leurs emprunts sont souvent gagés sur la valeur de leur portefeuille boursier qui augmente avec la croissance. L'optimisme est à son comble ; première puissance du monde, terre bénie de Dieu, l'Amérique est heureuse.

Au printemps de 1926, la demande pour cet immobilier très particulier commence à baisser ; mais les prix continuent de monter. S'enclenche alors un mécanisme qu'on reverra plus tard : un optimisme trompeur, des banques conseillant des investissements inconsidérés aux clients ayant placé leur épargne dans la même banque ; une bulle immobilière, suivie d'une bulle sur le marché des actions, qui entretiennent l'euphorie, la consommation et la croissance. Tout cela entraîne une aggravation marquée des inégalités : les 5 % les plus riches s'arrogent en 1928 plus d'un tiers de l'ensemble des revenus des ménages américains, ce qui freine la demande des classes moyennes et menace la croissance. L'État fédéral pousse alors les Américains à emprunter plus encore sur la valeur de leurs actions pour consommer. Les marchés d'actions ne cessent donc de monter. Comme dans toute bulle financière, on continue à voir se constituer des fortunes sans travail ; la classe moyenne consomme de plus en plus ce qu'elle n'a pas, s'endettant à tout va, rassurée par la croissance de la valeur de son portefeuille boursier. L'optimisme confine à l'aveuglement. Le système financier devient très instable. L'euphorie risque à tout moment de basculer et de s'inverser en panique.

Plusieurs événements peuvent revendiquer le rôle de déclencheur : de très nombreux prêts consentis par des banques américaines à l'étranger depuis la Grande Guerre ne sont toujours pas remboursés. La constitution, en 1928, d'un cartel des grandes compagnies pétrolières, les « Sept sœurs », fait grimper le prix de l'essence et s'effondrer la demande d'automobiles ; mais personne n'y voit un signe annonciateur de dépression ; les économistes l'imputent au remplacement du modèle « T » de Ford par un autre.

La dette totale des Américains (tous agents confondus) frôle, à la fin de 1928, les 300 % sans que personne ne voie que la crise a déjà commencé ; même quand, dans les six premiers mois de 1929, trois cent quarante-cinq banques américaines ferment ! Le 20 octobre, de fortes prises de bénéfices, une hausse des taux d'intérêt et des appels de marge entraînent la baisse des cours. Le jeudi 24 octobre au matin, les cours s'effondrent (rader leurs actions. Des investisseurs institutionnels interviennent massivement pour soutenir les cours, et l'indice termine en baisse de 2,1 % seulement sur un volume, colossal pour l'époque, de 12,9 millions d'actions échangées. Le lendemain et les jours qui suivent, l'effondrement du marché reprend et ruine ceux qui ont gagé leurs emprunts sur la valeur de leur portefeuille. Ils vendent tout pour payer leurs échéances, accélérant la baisse des cours. La panique s'étend aux banques, incapables de rendre leurs dépôts aux épargnants qui font la queue devant leurs guichets. Au total, 4 000 banques font faillite dans l'année parce que nul ne veut les soutenir.

Une crise économique succède à la crise financière ; les premiers secteurs touchés sont la construction et l'automobile. En quelques mois, la panique gagne le monde entier. Chaque pays cherche son salut dans des mesures de protection nationale, dévaluant sa monnaie pour améliorer la compétitivité de ses exportations et réduire son déficit commercial. En 1931, la Grande-Bretagne, qui entend conserver la « préférence impériale », suspend la convertibilité de la livre en or et crée la zone sterling ; l'Allemagne de Weimar, écrasée par ses dettes de guerre, ruinée par cette crise, institue un contrôle total des changes ; le Japon suspend la convertibilité du yen en or et instaure à son tour un contrôle général des changes. La crise s'approfondit. Les échanges commerciaux se limitent de plus en plus à des échanges entre zones ou pays utilisant la même monnaie, transformant une récession économique aux États-Unis en une dépression économique mondiale.

En mars 1933, le nouveau président américain, Franklin D. Roosevelt, lance de grands travaux, suspend la convertibilité du dollar en or, crée une zone dollar, demande aux banques, par le Glass Steagall Act, de choisir entre le métier de banque d'affaires et celui de banque de dépôt ; il interdit la rémunération des dépôts sur les comptes courants, et charge la Federal Deposit Insurance Corporation de garantir ces dépôts. Chase et City choisissent de devenir des banques de dépôt. Lehman Brothers, Goldman Sachs et Morgan Stanley (fondée par des anciens de J.-P. Morgan) deviennent des banques d'affaires.

La croissance repart quelque peu. En 1934, les États-Unis dévaluent le dollar de plus de 40 % par rapport à l'or. En 1936, la France de Léon Blum abandonne à son tour la convertibilité du franc en or. En 1938, après une rechute très profonde de l'économie américaine qui démontre l'échec de son plan, Roosevelt crée une sorte de banque publique, Fannie Mae, pour mutualiser les risques dans le secteur du logement. Le chômage croissant atteint encore 25 % de la population active, et le revenu national a baissé de moitié. Les banques américaines commencent à songer à installer des filiales à Londres pour y faire ce qui leur est désormais interdit à Wall Street.

L'entrée des États-Unis dans la Seconde Guerre mondiale marque la fin de la crise financière et économique commencée douze ans plus tôt. Dès octobre 1941, le chômage, qui atteint encore 18 % de la population active, amorce une décrue. Américains et Anglais commencent à s'entretenir de la gestion du monde d'après-guerre, en particulier de son organisation monétaire et financière. Cette négociation va durer trois ans. Il n'y est jamais question des banques privées ni des marchés financiers, pourtant largement à l'origine de la grande dépression, qu'on impute alors seulement au protectionnisme, aux dévaluations et à l'orthodoxie des banques centrales. Les tractations sont impitoyables : chaque soutien militaire de Washington à Londres s'échange contre une concession politique sur le rapport entre la livre et le dollar. De fait, les prêts de guerre installent l'hégémonie du dollar dans lequel ils sont libellés, sans qu'on en ait décidé explicitement. Et le Trésor britannique, dont la dette atteint 250 % du PIB, n'est pas en état de négocier.

Au tout début de 1942 s'opposent deux plans de réforme monétaire : celui de Harry Dexter White, secrétaire adjoint au Trésor américain, et celui de l'Anglais John Maynard Keynes. Ils méritent qu'on en parle un peu longuement ici en raison de leur importance pour comprendre la situation financière actuelle et les débats à venir.

Le plan de White, « Programme pour une action monétaire interalliée », prévoit de créer deux institutions : un Fonds interallié pour stabiliser les taux de change, et une Banque interalliée afin d'aider à la reconstruction et au développement du commerce international dans les pays qui accepteront la mise en place de politiques commerciales et monétaires libérales. Il laisse entendre que l'étalon de change ne peut être que le dollar, avec ou sans référence théorique à l'or. Dans ses « Propositions pour une Union monétaire internationale », Keynes, lui, ose écrire que « le système idéal consisterait sûrement dans la fondation d'une banque supranationale qui aurait, avec les banques centrales nationales, des relations semblables à celles qui existent entre chaque banque centrale et des banques subordonnées ». Pour lui, « cette Banque centrale mondiale, de statut supranational, échappant tant à l'étalon-or qu'à l'hégémonie d'une devise sur les autres, devrait avoir tous les attributs d'une Banque centrale, avec une monnaie supranationale de règlement entre banques centrales. Cette banque des banques centrales, dite "l'Union", gérerait des comptes libellés en "bancor", monnaie internationale définie par rapport à l'or ; les pays membres recevraient des “bancor” en échange de leur or ; les soldes seraient rémunérés. En cas de dépassement du découvert autorisé, le pays membre pourrait ajuster son taux de change en accord avec l’Union et devrait prendre les mesures d’ajustement recommandées par elle ».

Le plan de Keynes est évidemment très mal reçu aux États-Unis. Le *Wall Street Journal* le décrit comme « une machine à enrégimenter le monde » ; l’American Bankers Association, très réservée sur les deux propositions, suggère « d’en revenir à l’étalon-or, le système le plus satisfaisant jamais imaginé », et déclare que la création « d’un système de quotas ou de parts dans un *pool* monétaire international, qui donnerait aux pays endettés le sentiment qu’ils ont droit à des crédits, est malsain par principe et soulève des espoirs irréalistes ».

En avril 1942, White précise son projet : un « Fonds de stabilisation des Nations unies » pour fixer les taux de change et imposer des mesures d’ajustement, et une « Banque pour la Reconstruction et le Développement des pays associés ». Seuls les pays ayant des avoirs en or – c'est-à-dire au premier chef les États-Unis – pourraient bénéficier des prêts du Fonds et de la Banque. En réalité, pour lui, l'essentiel du système doitaboutir à la limitation des obligations de l'Amérique en tant que créancière, et à son droit de disposer, dans les deux institutions, d'une minorité de blocage pour toute décision importante, en particulier en matière de prêts.

Pour Keynes, cette nouvelle version du plan White ne permet pas d'adapter la liquidité internationale aux besoins du monde, et accorde trop de pouvoirs aux Américains sur les finances des autres ; mais la Grande-Bretagne n'a pas les moyens de résister : en mai 1942, pour régler des annuités d'emprunts, elle doit même vendre à des Américains ses dernières participations dans l'industrie d'armement d'outre-Atlantique.

En mai 1943, alors que le sort de la guerre semble tourner, White adresse un questionnaire aux représentants à Washington de quarante-six pays ; un mois plus tard, juste avant le débarquement américain en Sicile, il réunit à Washington les représentants de dix-huit capitales. À l'automne, une réunion d'experts britanniques et américains aboutit à une vague déclaration conjointe.

En mars 1944, de nouvelles consultations américano-britanniques décident d'organiser une conférence à Bretton Woods. Les Britanniques, hostiles à une négociation qui ôterait à Londres son contrôle de la finance mondiale et détrônerait la livre sterling au profit du dollar, font traîner les choses sous prétexte qu'ils n'ont pas encore consulté les pays membres du Commonwealth. En vain : le 15 juin, soit une semaine après le débarquement en Normandie, un comité de rédaction comprenant des représentants de dix-sept pays se réunit à Atlantic City et élabore l'ordre du jour de la conférence. Les Américains s'en réservent le secrétariat, ainsi que la présidence de la commission sur le Fonds, seule chose à les intéresser, et nomment Keynes président de la commission sur la Banque.

Le 1er juillet 1944, la conférence s'ouvre à Bretton Woods, petite ville du New Hampshire, en présence de sept cents délégués. Le secrétaire américain au Trésor, Morgenthau, en est élu président, assisté de trois vice-présidents : belge, brésilien, soviétique. La langue officielle est l'anglais. Comme prévu, trois commissions sont créées : l'une, présidée par White, consacrée au FMI ; la seconde, par Keynes, à la BIRD ; la troisième, présidée par le Mexicain Suarez, étudie les autres moyens de la coopération financière internationale. Dans sa commission, Keynes mène les débats à une cadence telle que personne ne le suit vraiment. Le 3 juillet, à la commission du Fonds, le délégué américain présente comme « insignifiante » une rédaction qui précise que les taux de change seront exprimés en or ou « en une monnaie convertible en or au 1er juillet 1944 » ; or seul le dollar l'est à cette date ; cette rédaction est approuvée sans débat alors qu'il s'agit en fait, tout simplement, de la reconnaissance de l'étalon-dollar ! Le

12 juillet, à la demande d'un délégué britannique, mais contre les instructions de Keynes, la formule « monnaie convertible en or » est même modifiée en « monnaie convertible en or ou en dollar US », ce qui confirme la reconnaissance de l'étalon-dollar. À la demande de Keynes, ce changement fondamental n'est pas repris dans le document de quatre-vingt-seize pages que paraphent les délégués, mais il réapparaît dans le texte soumis à l'approbation des différents gouvernements, rédigé, lui, par les seuls Américains ! Dès lors, tout est joué.

Les débats sur les quotas, c'est-à-dire sur les droits de vote, sont eux aussi très serrés. Pierre Mendès France obtient pour la France un siège dans les deux institutions, mais pas les droits de vote qu'il réclame. Le 14 juillet, un accord est réalisé sur les quotas. La Chine, l'Égypte, la France, l'Inde, la Nouvelle-Zélande et l'Iran émettent des réserves.

Le 18 juillet, il est décidé que les sièges du FMI et de la BIRD seront situés aux États-Unis. Est également décidée la liquidation de la Banque des règlements internationaux pour le rôle qu'elle a joué dans le pillage de l'or par les nazis en Europe ; cette résolution ne sera pas appliquée. Le 22 juillet 1944, lors de la session de clôture de la conférence, Henry Morgenthau déclare que ces accords vont permettre « de chasser les usuriers du Temple de la finance internationale ».

En fait, le système est vicié dès l'origine : les accords de Bretton Woods induisent en effet que les États-Unis doivent avoir une balance des paiements déficitaire afin d'alimenter le monde en dollars, seul moyen de paiement internationalement reconnu par ces accords ; ce qui ne peut, à terme, qu'affaiblir la confiance en cette devise. Autrement dit, plus le dollar deviendra monnaie de réserve, moins il sera digne de confiance. Ce paradoxe, dit « dilemme de Triffin », du nom de l'économiste belge qui l'a formulé le premier, est aujourd'hui d'une brûlante actualité sans être encore arrivé à son point extrême.

Pourtant, au début, tout a l'air d'aller bien : en 1945, les États-Unis sortent de la guerre confortés dans leur position dominante. Leur production industrielle est le double de celle de 1939. Ils produisent la moitié du charbon, les deux tiers du pétrole et plus de la moitié de l'électricité du monde ; et aussi l'essentiel des avions, des voitures, des bateaux, des armes. Ils détiennent 80 % des réserves mondiales d'or. En outre, les inégalités aux États-Unis mêmes se sont réduites : les 5 % les plus riches ne disposent plus que de 25 % des revenus, contre près de 40 % avant la guerre.

Le système financier américain se développe. En 1949, Alfred Winslow Jones crée le premier *hedge fund*, utilisant tous les principes de la finance spéculative à venir : l'effet de levier, la vente à terme, le faible nombre d'investisseurs et les rémunérations de gestion. Par ailleurs, les banques de dépôt américaines, sans activités à très haut rendement, s'installent à Londres pour contourner le Glass Steagall Act. Malgré l'effondrement de l'économie britannique, la City devient alors une annexe de Wall Street. Les financiers y développent dans la même langue tout ce qui est interdit aux États-Unis, à commencer par la mise en commun des activités de banques d'affaires et de banques commerciales.

Jusqu'en 1958, les dollars sont plutôt rares hors des États-Unis. Puis la guerre au Vietnam et la course à l'espace en répandent massivement à l'étranger pour importer en Amérique machines et ressources naturelles. Les pays qui exportent le plus vers les États-Unis accumulent alors d'immenses réserves en dollars, qui donnent lieu à autant d'émissions dans leur propre monnaie, alimentant une inflation dont certains, telle la République fédérale allemande, ne veulent à aucun prix. En 1965, l'*equalization tax* de Johnson crée le marché des eurodollars en incitant à ne pas les rapatrier. Le 15 août 1971, quand le gouvernement de Bonn demande le remboursement de ses dollars en or, les États-Unis, qui ne veulent pas voir disparaître leurs réserves de métal précieux, suspendent la convertibilité du dollar. On en revient ainsi aux changes flottants de l'entre-deux-guerres, auxquels les accords de Bretton Woods étaient censés s'opposer. La confiance dans le dollar s'effrite. S'ensuit une très forte baisse de la devise américaine, qui dévalorise les revenus des pays producteurs de pétrole. Ils réagissent par le premier choc pétrolier, en octobre 1973, qui déclenche la première crise économique majeure depuis 1945. Le 9 décembre 1974, *Time Magazine* écrit : « La Nation plonge dans la récession la plus longue et la pire depuis 1945. »

Le 8 janvier 1976, les Accords de Kingston, en Jamaïque, confirment officiellement la fin du rôle légal international de l'or. En 1980, les États-Unis, encore en pleine crise économique, semblent au bord du déclin : leur monnaie s'est effondrée ; ils ont perdu leur rang de premier exportateur mondial d'automobiles ; leur part dans le marché mondial de la machine-outil (25 % en 1950) tombe à 5 % en 1980, alors que celle du Japon, nouvelle puissance, passe de 0 à 22 %. La dette extérieure des États-Unis augmente massivement, dépassant leurs avoirs à l'étranger. Wall Street, victime d'une grave crise financière, n'est plus le seul lieu où s'organise la finance du monde ; la City de Londres (où un émigré allemand, Sigmund Warburg, lance les premiers emprunts en eurodollars et la première OPA) semble recouvrer une place qu'elle croyait à jamais perdue. Le Japon devient le principal créancier des États-Unis et il y achète de façon spectaculaire un grand nombre d'entreprises symboliques et de biens immobiliers. Les déficits extérieurs américains, qui se creusent, entraînent des achats massifs de dollars par un petit nombre de banques centrales ; la dette publique américaine est désormais la base de l'essentiel du crédit distribué dans le monde. En trente-cinq ans, de 1945 à 1980, cette base s'est même multipliée par 200 ! De plus, en 1980, chaque dollar détenu par une banque auprès d'une Banque centrale soutient au moins 40 dollars de crédit aux États-Unis, et 50 en Europe (contre seulement 15 et 20 en 1968) ! En 1980, le prix de l'or atteint 800 dollars l'once, son plus haut niveau historique. L'Amérique, où stagne la productivité des grandes entreprises, semble en passe de n'être plus que le grenier à blé d'un Japon florissant.

Des innovations technologiques, et en particulier le microprocesseur, renversent ce pronostic. Elles sont au fondement d'un programme de grands travaux lancés par Reagan sous le nom de « Guerre des Étoiles » pour développer les technologies de l'information (comme Roosevelt le fit en 1933 en lançant un vaste programme d'assainissement et d'électrification). Ces technologies viennent sauver le « cœur » américain qui ne migre pas de New York vers Tokyo, mais passe en Californie (où elles se regroupent dans une « Silicon Valley »), sans que Wall Street perde son pouvoir financier. Le cours du dollar triple alors en dix ans face à l'or.

Ces innovations, dont la puissance double tous les dix-huit mois, ne vont pas seulement améliorer considérablement la productivité des grandes entreprises américaines et multinationales et relancer la croissance américaine ; elles vont aussi bouleverser les marchés financiers et initier le processus menant à la crise actuelle.

Le marché des changes, source d'innombrables innovations en raison du flottement des monnaies, n'est bientôt plus qu'un des multiples canaux par lesquels les flux financiers circulent librement et sans contrôle à travers le monde. Et cette déréglementation, si utile dans la Silicon Valley, en particulier pour le développement d'Internet, se révèle, à terme, une catastrophe pour les marchés financiers.

Un premier coup de semonce est donné le 19 octobre 1987 à Wall Street : à la suite d'un déficit commercial important des États-Unis et d'un relèvement des taux directeurs de la Bundesbank, le Dow Jones perd 22,6 % en une journée ; les autres places boursières chutent également dans la même journée : c'est le premier krach de l'ère informatique. Le 2 novembre 1987, *Time Magazine* fait sa couverture sur : « La panique s'empare du monde ». En 1988, les principales banques centrales, réunies à Bâle, recommandent l'adoption d'un ratio dit Cooke qui fixe à 8 % le rapport entre les fonds propres et les engagements d'une banque. C'est l'accord dit « de Bâle-I ».

En 1989, la chute du Mur de Berlin ouvre au commerce et à l'économie de marché un continent, puis d'autres. Au début des années 1990, grâce à l'irruption des nouveaux pays industrialisés – de la Chine en particulier – qui adoptent eux aussi l'économie de marché, la globalisation se généralise. Globalisation du marché, certes, mais pas de l'État de droit.

Commence alors une période de forte croissance, la plus élevée même dans toute l'histoire de l'humanité, assortie d'une formidable amélioration du niveau de vie de la classe moyenne des pays émergents, et même d'une réduction de la pauvreté : pour la première fois baisse la proportion de gens vivant avec moins de 2 dollars par jour : de 1982 à 2002, leur nombre passe de 60 % à 50 % en Asie et de 44 % à 30 % en Amérique latine. Aucune baisse, en revanche, en Afrique.

Les banques centrales transfèrent progressivement aux marchés financiers leur pouvoir de régulation et d'émission monétaire. L'expansion du crédit et sa contrepartie, la dette, se développent aussi et surtout par d'autres voies que la banque, grâce aux technologies de l'information ; toutes les liquidités de toutes les entreprises y concourent. Les banques et les autres institutions financières sont de moins en moins transparentes, gardant pour elles l'essentiel des profits qu'elles font avec l'argent des autres. La mondialisation de la finance précède, accompagne et organise la mondialisation des échanges commerciaux en permettant de transférer au plus vite l'épargne des lieux où elle est accumulée – c'est-à-dire l'Europe, les pays pétroliers et l'Asie – à ceux où elle est utilisée – surtout les

États-Unis. Les instruments financiers se diversifient de plus en plus (en particulier avec les RMBS, dont on reparlera), en même temps que baissent les taux d'intérêt. Il devient possible d'espérer, si l'on est un financier informé – si l'on est un « initié » –, des rentabilités considérables en partageant les risques avec d'autres.

Le commerce entre filiales des mêmes firmes représente alors une part croissante du commerce international. S'installent partout des règles de développement ultralibérales rassemblées en une doctrine nommée « consensus de Washington ». Elles prônent la liberté des marchés financiers, la réduction du rôle de l'État, la flexibilité du travail – la globalisation des marchés sans globalisation de l'état de droit.

Plusieurs bulles se forment, puis éclatent l'une après l'autre sans véritable impact global et durable. En 1991 survient en Suède une crise financière sur laquelle chacun aurait dû méditer : une bulle immobilière met en semi-faillite les principales banques du pays ; celles-ci sont nationalisées par un État qui sépare ensuite les bonnes créances des mauvaises, confiées à des structures de « défaisance ».

La situation des bonnes banques est restaurée et elles sont privatisées avec succès. Au même moment, aux États-Unis, l'administration de régulation est peu à peu démantelée : en 1992, 20 000 fonctionnaires étaient encore employés dans la « régulation financière » ; ils ne seront plus que 14 000 en 2008. En décembre 1994, alors qu'une euphorie des entreprises fondées sur Internet enfle dans la Silicon Valley, l'Orange County, tout à côté, spécule sur les marchés financiers, perd 1,69 milliard de dollars et se déclare en faillite. À la suite de cette faillite, qui n'avait pas vraiment lieu d'être (ce risque pour une collectivité locale est très faible), naissent des assureurs d'un genre très particulier, qui proposent d'assurer les crédits municipaux : les *monolines*. Ils ne fondent pas leur capacité d'assurance sur une capacité à financer une certaine proportion de pertes, mais sur leur sélection rigoureuse des dossiers, qui leur garantit, disent-ils, que leurs clients ne peuvent pas faire défaut. Ils prétendent même « assurer » ainsi des prêts d'un montant de 150 fois leurs capitaux propres sans qu'aucun régulateur ne s'en inquiète...

Au même moment, en 1992, par le traité de Maastricht, l'Europe, pour se protéger, se dote de l'Euro et mutualise les risques.

En 1997, une brutale et brève crise monétaire et financière asiatique se propage, surtout en Russie et au Brésil. Aux États-Unis, en septembre 1998, un fonds spéculatif américain, LTCM (qui joue sur les titres obligataires) est touché, entre autres, par les erreurs mathématiques de ses fondateurs, qui provoquent un endettement considérable ; il n'évite l'écroulement que grâce à l'intervention de la Fed. Inquiets de voir la crise asiatique conduire à une réévaluation de leur monnaie, les Chinois commencent à acheter des dollars. La croissance et les déficits américains sont alors de plus en plus financés par l'épargne de la Chine, pays qui exporte aux États-Unis l'essentiel de sa production industrielle. Le monde est comme géré par un couple étrange fait de la Chine et de l'Amérique, ce que le professeur d'histoire à l'Université de Harvard Niall Ferguson nomme joliment la *Chimérique*...

L'euphorie revient ; la dérégulation s'accélère. Le 12 novembre 1999, le Financial Services Modernization Act élimine les restrictions du Glass Steagall Act, ce qui légalise de manière rétroactive la constitution, l'année précédente, de Citigroup (regroupant Citicorp et Travellers Group, qui avait repris des activités de banque d'affaires, dont Salomon Smith Barney). Ainsi est constitué le premier géant américain de la finance. Se développe alors une concurrence féroce entre les nouvelles banques qui investissent jusqu'à vingt fois leurs fonds propres. Cette évolution du système financier américain commence à en inquiéter certains : cette même année, la Caroline du Nord interdit le « prêt rapace » aux courtiers. Toujours en 1999, de nouvelles normes comptables, dites IFRS, élaborées par une société privée localisée dans le Delaware, aux États-Unis, conseille d'évaluer les actifs à leur valeur de marché du moment. Le prix de l'or n'est plus que de 300 dollars l'once.

Cette même année encore, pour éviter à ses banques la faillite qui les menace, l'État japonais y injecte l'équivalent de 80 milliards de dollars, à charge pour les grands établissements, une fois restructurés et fusionnés, de rembourser les sommes qu'ils auront reçues, ce qu'ils feront. Mais les banques japonaises, n'annulant pas leurs créances douteuses, ralentissent ainsi la reconstitution de leurs fonds propres.

En 2000, la bulle Internet qui s'est formée depuis cinq ans explose ; l'indice Nasdaq, qui concentre les valeurs technologiques, recule de 27 % durant les deux premières semaines d'avril, et de 39,3 % sur un an.

Les avertissements continuent : au lendemain des attentats du 11 septembre 2001, l'indice Dow Jones perd 684 points (- 7,3 %), sans que se ralentisse pour autant la croissance, dopée par la baisse brutale des taux d'intérêt. En 2002, la falsification de ses propres comptes par le courtier américain en énergie Enron, et la fraude du groupe américain de télécommunications Worldcom, chahutent les bourses du monde et conduisent à quelques réformes qui avantagent la City, où prospèrent les banques américaines. Mais la croissance perdure : personne ne veut prêter l'oreille à ces craquements. Et les banques, pour dispenser une épargne qu'elles n'ont pas, réduisent encore leurs réserves, qui ne sont plus en 2001 que de 0,2 % de leurs dépôts, contre 11,3 % en 1951 !

Le moteur du capitalisme financier apparaît plus clairement que jamais : la cupidité. Les plus riches, qui sentent qu'une crise menace, continuent à en tirer profit le plus possible ; les dirigeants des entreprises financières, surtout ceux qui ont accès aux informations les plus précieuses, les « initiés », qui n'ont de loyauté qu'à l'égard d'eux-mêmes, se partagent en 2002 plus de 10 milliards de dollars de bonus ! Le marché, de plus en plus risqué, pousse alors chacun à vouloir rester « liquide ». Même les actifs les moins volatiles sont évalués comme s'ils étaient liquides par des techniques d'évaluation dites *mark to market* et *mark to model*, fixées par un organe corporatif, l'International Accounting Standards Board. Et même si des règles sont fixées à Bâle par la BRI pour organiser la prudence et la transparence, elles favorisent les plus forts en imposant à toutes les banques des provisions de plus en plus élevées.

En 2002, devant la faiblesse de la demande, et pour ne pas se lancer dans une politique des revenus si contraire à la tradition politique américaine, le gouvernement américain incite Freddie Mac et Fannie Mae, financeurs de logements, ainsi que d'autres acteurs de l'immobilier, à prêter à des emprunteurs moins solvables des produits plus risqués, des *subprimes*, servant un meilleur taux d'intérêt.

La croissance mondiale reprend, nourrie par l'endettement de tous les acteurs de l'économie, soutenu par la baisse des taux d'intérêt.

Rares sont alors ceux qui, à ce moment, comme le professeur Maurice Allais à Paris, et, à New York, Hyman Minsky, professeur farfelu et marginal admiré des marxistes et des gestionnaires de *hedge funds*, annoncent la proximité d'une grave crise financière. Minsky la voit se dérouler en cinq phases : une innovation rentable (ou un changement de politique économique), un boom, une euphorie, la sortie des profits, enfin une panique qu'on surnomme depuis lors le *Minsky Moment* et qu'il prévoit pour 2009...

Chapitre 2

Comment tout a commencé

Les crises financières antérieures sont, on l'a dit, soit des remises en cause du système économique du moment, soit des occasions d'en tester la puissance. Dans tous les cas, elles sont la traduction de l'incapacité des hommes à disposer d'informations parfaites sur l'avenir. Celle qui commence aujourd'hui si mystérieusement ne sera-t-elle qu'un accident de parcours, comme toutes celles qui l'ont précédée depuis 1980 ? Ou une crise longue, dont seule une guerre mondiale fournirait l'issue, comme en 1929 ? Une longue et trouble période de transition vers un sursaut technologique, comme celle qui s'est étalée entre 1971 et 1982 ? L'éclatement d'une bulle spéculative d'un genre nouveau, comme celle des tulipes, en 1637, qui contribua jadis à la mise en place de l'hégémonie d'Amsterdam ? Ou, au contraire, la crise profonde d'un système financier épuisé, comme celle de 1880 qui conduisit au déclin de la Grande-Bretagne ?

À mon sens, il s'agit bien d'une crise de jeunesse : la première crise majeure de la mondialisation qui peut, comme celle des tulipes, annoncer une formidable période de croissance. Pour que tel soit le cas, encore faudrait-il la bien comprendre et en tirer les leçons. Et, pour cela, en décortiquer le déroulement jour après jour, en termes aussi simples que possible, pour réaliser comment, après tant de crises limitées, s'est déclenchée la Grande Crise d'aujourd'hui que nul ne voulait voir venir.

Une crise qui démarre aux États-Unis et qui, pour la première fois, grâce à Internet, aux compagnies d'assurances, aux fonds d'investissement et aux banques d'affaires, devient littéralement planétaire. Une crise dont le démarrage ressemble beaucoup à celui de sa devancière de 1929, mais avec une amplitude bien plus grande.

Insuffisance de la demande

Tout commence par la libéralisation de l'économie sans mise en place de contrepoids démocratiques, ce qui conduit partout dans le monde à l'augmentation de la part des profits dans le revenu national. Et, en particulier, des profits du secteur financier dont les « initiés » peuvent garder pour eux l'essentiel des revenus : alors qu'en 1960 ceux-ci représentaient 14 % des profits de l'ensemble des entreprises américaines, ils en représentent, en 2008, 39 %. Toute la richesse nouvellement créée est ainsi de plus en plus accaparée par un petit groupe réclamant une rentabilité de 20 % sur les capitaux qu'ils investissent, pour l'essentiel en les empruntant à taux de plus en plus bas. Ce qui entraîne une croissance des inégalités de revenus : le 1 % le plus riche de la population américaine cumule plus de 16 % du revenu national, contre 7 % en 1948 ; 5 % de la population américaine s'octroient 38 % des revenus et s'arrogent la moitié des patrimoines créés de 1990 à 2006 – et, naturellement, une influence politique de plus en plus dominante. Personne ne veut admettre qu'une économie qui croît de 5 % par an ne peut garantir durablement une croissance de 20 % des revenus.

Les salaires, eux, en conséquence, baissent en valeur relative : bien que la croissance américaine soit depuis 1990 de l'ordre de 4 %, le salaire médian américain stagne. Le salaire moyen d'un citoyen américain est même aujourd'hui inférieur à celui de 1979 ; il est même très inférieur pour les 20 % les plus pauvres. Les 50 % les moins riches ne détiennent que 2,8 % des patrimoines. De 1947 à 1973, le revenu du cinquième le plus pauvre de la population américaine (toutes sources de revenus confondues) a augmenté de 116 %, plus que celui d'aucun autre groupe, puis, jusqu'en 2004, seulement de 2,8 %, ce qui est beaucoup moins que l'accroissement des dettes au sein de ce groupe.

Il en va de même dans les autres pays. En France, en vingt ans, le pouvoir d'achat de l'indice boursier a progressé de 120 % pendant que celui des salaires (à temps plein) n'augmentait que de 15 %, et que celui du RMI n'évoluait pas.

Au total, ce transfert de richesses pèse sur la demande : faute de salaires suffisants, la classe moyenne américaine et européenne ne peut plus consommer autant qu'avant. En outre, le vieillissement de la population (à peine ralenti aux États-Unis par l'immigration), pèse lui aussi sur la demande, laquelle diminue, pour chaque individu, en moyenne, à partir de 50 ans.

Création de la demande par la dette

Pour préserver la croissance aux États-Unis sans remettre en cause le partage des richesses, il faut donc pouvoir maintenir la demande sans augmenter les revenus, et, pour cela, inciter la classe moyenne à s'endetter : c'est ce que la société américaine décide implicitement de faire, à partir du début des années 80, par les cartes de crédit pour la consommation courante ; par des prêts hypothécaires spécifiques pour acquérir un logement.

Le crédit à la consommation (qui sert à financer la vie courante, mais aussi voiture, éducation des enfants, soins de santé, vacances) est promu par une publicité intensive : un foyer américain reçoit en moyenne dans son courrier une nouvelle offre de carte de crédit par semaine ! Les organismes de crédit et les autorités politiques, dont le président Bush, encouragent les ménages à s'endetter toujours plus, en n'exigeant qu'un remboursement minimum mensuel de 2 à 3 % du total dû. Près d'un tiers des foyers américains cumulent ainsi plus de 10 000 dollars de dettes chacun sur leurs cartes de crédit. Et le système peut vite devenir écrasant. Les taux d'intérêt pratiqués par ces émetteurs, entre 11 et 15 %, peuvent bondir jusqu'à 29 % ou 34 % en cas de retard de paiement.

Le crédit au logement est tout aussi stratégique, sur les plans économique et politique, en particulier pour les communautés minoritaires : aux États-Unis, tout le monde est propriétaire de son logement ou doit pouvoir le devenir. En 1977, une loi dite « Community Reinvestment Act » pousse les banques et les caisses d'épargne à prêter aux communautés désavantagées. Comme ces institutions financières, dont certaines ont frôlé la faillite vers 1980, hésitent à prêter à ces clients peu solvables, les groupes de pression de diverses communautés lancent des campagnes pour bloquer les fusions de banques qui ne respectent pas leurs engagements en faveur du logement social. En conséquence, le crédit hypothécaire se développe avec des prêts de différentes qualités selon la nature des emprunteurs.

Des courtiers indépendants, payés à la prime, proposent à des emprunteurs ayant les plus mauvais historiques de remboursement des contrats de créances hypothécaires *subprime*, à des taux progressifs, sur un montant parfois même supérieur au prix de la maison, et pour une somme finale pouvant être trente fois supérieure à leurs revenus annuels ! Comme ces prêts sont gagés sur la valeur des maisons *(asset-based)*, chacun peut emprunter de plus en plus, aussi longtemps que le prix de l'immobilier monte. Et il monte ! Et le système est sans risque pour les banques. Freddie Mac et Fannie Mae, ces institutions partiellement publiques créées après la Grande Crise, rachètent, avec les encouragements du Congrès, ces contrats aux banques.

Pour les gens un peu moins pauvres, des crédits intermédiaires entre les crédits *prime* et les *subprimes*, les crédits *Alt-A*, proposent eux aussi de ne rembourser ni le principal, ni même la totalité des intérêts pendant les premières années.

Beaucoup soutiennent que cela entretient la croissance économique d'ensemble en incitant à la construction de logements et en dégageant des revenus, au passage, pour consommer d'autres biens ou produits. Gouvernement, banques, industries, salariés ont intérêt à cette économie de la dette. De fait, l'immobilier et les services financiers, qui se nourrissent ainsi l'un l'autre, représentent alors ensemble 40 % de la croissance du secteur privé américain ! Et plus de 50 % de la croissance totale britannique où les mêmes systèmes sont mis en place par les mêmes banques. Il y a donc bien de la croissance, mais seulement dans les secteurs directement liés à cette activité. Les jeunes diplômés dérivent vers ces métiers. Ceux de chercheurs et d'ingénieurs sont en revanche de moins en moins valorisés.

Les entreprises s'endettent elles aussi, comme les ménages, par des moyens de plus en plus risqués. Des dirigeants et des financiers rachètent ces entreprises avec très peu de capital et beaucoup d'emprunt à très bas taux, en imposant à l'entreprise achetée une rentabilité de l'ordre de 20 % par an, très supérieure à ce qu'elle rapporte naturellement, pour permettre aux nouveaux propriétaires de rembourser, grâce aux profits de ces firmes, les prêts qui leur permettent de les racheter. Des fonds spécialisés (en *private equity* et en LBO) se mettent en place pour attirer de l'épargne vers ces opérations, rentables surtout pour leurs promoteurs. Pour parvenir à de tels taux de rentabilité, les entreprises sont incitées à réduire leur champ d'activité, en sorte de produire juste la tranche de la chaîne de valeur qui correspond à leur savoir-faire. L'emploi en est la première victime. La recherche en est la seconde. La survie des firmes, la troisième.

La baisse des taux, l'effet de levier et l'effet de richesse

Pour que ce développement de la dette des ménages et des entreprises soit tolérable, il faut que les taux d'intérêt baissent, ce que décide la Fed aux États-Unis à partir de 2001. Décision capitale de M. Greenspan, applaudie par tous quand elle est prise ; qui se révélera, à terme, désastreuse. Elle permet en effet aux entreprises, aux fonds d'investissement et aux particuliers, d'emprunter davantage. Cet « effet de richesse » permet à un ménage endetté de s'endetter encore plus et de consommer davantage, poussant encore à la hausse des patrimoines. Le phénomène n'est pas qu'américain ; la valeur de l'immobilier mondial (qui augmente aussi pour des raisons démographiques) est évalué, au début des années 2000, à 75 T[1], soit une fois et demie le PIB mondial, contre moins des trois quarts du PIB mondial dix ans plus tôt.

De même s'en trouve augmentée la valeur des entreprises, calculée comme un multiple de leurs profits. D'abord parce que, on l'a vu, s'accroît la part des profits dans le revenu national ; ensuite parce que l'espérance d'une hausse des profits conduit à augmenter ce multiple lui-même, qui peut dès lors atteindre quatre-vingts fois les profits. La valeur de toutes les obligations et actions de la planète, égale au PIB mondial en 1980, est estimée à 100 T à mi

1. T : unité de compte égale à 1 000 milliards de dollars.

2006, soit le double de la valeur du PIB mondial ; ce à quoi il faudrait ajouter, on le verra, les encours globaux de l'ensemble des produits des titres et des dérivés, qui dépasseraient, selon certaines estimations sérieuses, les 70 à 100 T. Au total, le patrimoine mondial, financier et immobilier est alors évalué à plus de 250 T, financé pour l'essentiel par la dette. Une montagne de dettes ! Imprudentes. Tout est prêt pour l'avalanche.

Recherche effrénée de l'épargne : titrisation et dérivés

Le vieillissement de la population pousse à rechercher des rendements élevés : les seniors (aux États-Unis notamment) doivent se constituer une épargne-retraite de plus en plus longue en recherchant les rendements les plus intéressants.

À partir du début des années 2000, les banques, pour obtenir encore plus de financement, matière première de leurs activités et source de leurs profits, font tout pour faire de ces créances immobilières des produits séduisants à l'intention des épargnants institutionnels du monde, en particulier des *hedge funds off shore*, et pour ne pas garder les plus risquées dans leur bilan.

Elles découpent alors leurs créances les plus risquées, en particulier les *subprimes*, en fonction de leur niveau de risque, et les regroupent en paquets : les RMBS *(residential mortgage-backed securities)*, les tranches *equity* (les plus risquées) que certains traders nommaient *loss money*, les tranches *mezzanine* (intermédiaires), les tranches *senior*, voire *super-senior* (AAA). Elles revendent ensuite ces paquets comme des obligations sur le marché. C'est ce qu'on appelle la « titrisation » (rendue notamment possible par les nouvelles technologies, les modèles mathématiques et Internet). L'opération remporte vite un très grand succès, en raison de la rentabilité promise aux acheteurs de ces titres. Tous les épargnants institutionnels du monde veulent de ces produits titrisés, *subprimes* et autres, pour eux-mêmes ou pour les placer auprès de leurs clients. Le montant de ces titres, immobiliers ou non, a tôt fait de dépasser les 12 T, soit le montant des bons du Trésor américain. Freddie Mac et Fannie Mae font de même et gardent une portion de ces crédits hypothécaires dans leur bilan en revendant les autres sous forme de RMBS. Ces *subprimes* titrisées se retrouvent ainsi pour moitié dans des banques non américaines qui en revendent l'autre moitié à leurs clients non américains.

Devant ce succès, on voit alors se développer des titrisations de dettes de toute nature sous le nom de *asset-backed securities*. Certaines de ces titrisations de crédit aux particuliers (CDOs : *collateralized debt obligations* ou obligations adossées à des actifs), notamment des dettes sur cartes de crédit, connaissent un grand essor. Certains CDOs contiennent des tranches incluant des RMBS de type *subprime*. Toutes promettent des rentabilités très supérieures à la croissance de l'économie. Toutes ces titrisations sont au départ fondamentalement utiles, en tout cas aussi longtemps que les épargnants comprennent la nature de ce qu'ils achètent. Et aussi longtemps que la titrisation n'est pas un prétexte pour proposer aux emprunteurs des prêts impossibles à rembourser.

On titrise aussi des produits financiers dits « dérivés ». Un peu d'explication technique est ici nécessaire, même si l'on peut sauter sans dommage ce court développement :

Les dérivés sont des instruments financiers apparus pour s'assurer contre le risque de mouvement de valeur d'un actif appelé le « sous-jacent » (actions, obligations, prêts ou même taux d'intérêt ou de change). Leur fonction est très utile pour rendre plus sûre la circulation de l'épargne. La valeur de ce dérivé « dérive » de celle de l'actif dont il dépend. D'où leur nom. Les dérivés constituent des paris sur l'évolution de ces actifs ; il existe quatre grands types de dérivés selon la nature du pari : les *futures*, les *forwards*, les *options*, les *swaps*. Il existe en particulier deux principales catégories de dérivés fondés sur des créances : les dérivés non adossés à des actifs (un simple contrat de gré à gré, comme, on le verra, le CDS), et les titres dérivés adossés à des actifs (comme les CDOs, fondés sur des titres de plusieurs actifs).

Ces dérivés sont titrisés ; il y a donc, dans les CDOs, plusieurs tranches de dérivés plus ou moins rentables selon le risque pris par les acheteurs. Les mécanismes de valorisation de ces produits titrisés, reposant sur l'évolution de formules de plus en plus complexes, sont de moins en moins compréhensibles par les dirigeants mêmes des banques qui les proposent. Certains établissements financiers offrent ainsi à leurs clients de placer leur épargne en des titres de ce genre dont la description tient en un manuel de cent cinquante pages qu'aucun cadre supérieur de banque ne peut comprendre ni donc contrôler !

Ces divers produits titrisés et/ou dérivés, promettant des rendements exceptionnels, sont alors revendus, au milieu d'autres produits financiers, par des banques d'affaires (Bear

Stearns, Merrill Lynch, Citigroup, Lehman Brothers, AIG) et par des *hedge funds* à toutes les institutions financières du monde, impatientes de profiter de cette manne nouvelle, et de fabriquer aussi elles-mêmes de tels produits, sans que plus personne ne puisse remonter à leur origine. Si, dans les banques et les *hedge funds*, certains en savent un peu sur le risque ainsi couru, sans résister pour autant à l'appât du profit, les épargnants individuels, eux, en bout de chaîne, n'ont aucun moyen de les comprendre. L'asymétrie de l'information est d'une ampleur inégalée. Là est la cause profonde de la crise.

Les encours globaux de l'ensemble des produits dérivés, où se mêlent tous les produits titrisés possibles et imaginables pour s'adapter à tous les besoins des épargnants, dépassent les 12 T. En application des nouvelles normes comptables, les banques doivent évaluer dans leur bilan ces produits sans marché, selon un modèle mathématique qui leur fixe une valeur théorique sans cesse changeante.

Tout est ainsi virtuel, les revenus comme les actifs.

Les rémunérations des dirigeants de ces entreprises financières et des créateurs de ces produits sont pour l'essentiel des bonus liés aux bénéfices annuels qu'ils permettent de dégager. À la différence des salariés, ils sont associés aux profits ; mais, à la différence des actionnaires, ils ne sont pas associés aux pertes.

L'épargne vient alors de partout pour profiter de ce nouvel eldorado : d'Europe, des pays pétroliers, de Chine ; elle demande aussi de plus en plus à se loger à l'abri des regards du fisc, dans des centres *off shore* ; les banques les plus respectables y établissent des « véhicules » qu'elles préfèrent ne pas connaître : on trouve là quatre cents banques, les deux tiers des deux mille *hedge funds*, et deux millions de sociétés-écrans représentant 10 T d'actifs financiers et de produits dérivés.

Aucune banque centrale, aucune autorité de marché, ni le FMI, ni la BRI, personne n'y trouve rien à redire.

Devant la difficulté d'attirer des capitaux, les assureurs créent CDS et monolines

La crise commence. Personne ne la voit venir, mais elle s'amorce : les épargnants du monde hésitent à acheter ces produits financiers de plus en plus insolites. Ils comprennent que les fonds d'investissement minimisent le capital qu'ils investissent pour avoir l'effet de levier maximum, et que si l'instrument financier n'est plus rentable, ce seront eux, les prêteurs, qui seront les payeurs en dernier ressort. Devant cette réticence des prêteurs, et pour éviter d'avoir à augmenter les taux d'intérêt, ce qui réduirait leurs marges, les banques et autres institutions financières se mettent à emprunter non plus opération par opération, mais sur leur bilan, supposé répartir les risques. Et pour ne pas afficher ces produits dans leur bilan, elles les logent parfois dans des « véhicules spécialisés », exotiques, ce qui permet de les dissimuler aux régulateurs. À Bâle, de 2004 à 2006, se fixe alors entre banquiers centraux une réglementation plus prudente, dite Bâle-II, intensifiant les règles de contrôle interne et de transparence, mais pour les seules banques des pays développés.

Certaines institutions financières proposent aussi aux prêteurs hésitants de garantir contre les risques leurs investissements dans ces *asset-backed securities*. C'est l'entrée subreptice sur ce marché d'un autre grand acteur : l'assureur, qu'il soit banquier, *hedge fund manager*, *broker* ou assureur au sens strict. Un assureur sophistiqué, trop sophistiqué, même, qui invente de subtils instruments pour diffuser, diluer, masquer aux épargnants les risques de ces produits.

D'abord le CDS (*credit default swap*), une pseudo-assurance contractée à titre privé, de gré à gré, sans régulation, où le vendeur assure l'acheteur du CDS qu'il lui remboursera les pertes que ce dernier viendrait à subir du fait de la défaillance d'un tiers, en échange d'une prime fixée en fonction du risque de perte tel qu'il est alors perçu par les deux parties. Ces CDS permettent en particulier aux épargnants d'acheter des produits titrisés tout en s'assurant contre l'éventuelle insolvabilité des sociétés émettrices. On se trouve alors en apparence dans une situation sans risque. Mais les acteurs de ces marchés sont d'incorrigibles joueurs, et, comme toujours, un excellent instrument financier est détourné de son usage : le CDS devient vite un simple « pari » sans assurer quoi que ce soit. Pis encore : les CDS sont à leur tour titrisés et transformés en objets de paris sur les marchés. Ils circulent tant et si bien qu'ils représentent aujourd'hui, dans les bilans de leurs détenteurs, 62 T, ce qui mesure l'histoire de leur circulation, mais non leur valeur finale. Personne ne sait plus qui assure qui sur quoi, ni pour combien… Personne ne sait plus la valeur réelle de ces produits.

En même temps viennent d'autres assureurs, les *monolines* ou « rehausseurs de crédit » (comme FGIC, MBIA, Ambac ou SCA), institutions financières spécialement créées, on l'a vu, pour assurer les collectivités locales. À partir de 2004, les *monolines* diversifient leurs activités vers les produits titrisés : elles réassurent, seulement en y apposant leur signature, des dossiers de prêts non plus gagés sur les municipalités (qui représentent un grand nombre de ménages et d'entreprises), mais sur des emprunteurs particuliers. Elles prétendent assurer ainsi près de 2,4 T de titres, même si elles ne garantissent absolument pas les prêteurs contre les risques qu'elles disent couvrir, n'ayant pas du tout les réserves nécessaires. Mais cela, personne, aucun régulateur, aucun gouvernement, aucune banque centrale (en particulier la Fed de M. Greenspan), ni aucun notateur ne veulent le voir !

Aveuglement des notateurs

En principe, les « notateurs » sont supposés être des institutions indépendantes, incorruptibles, qui viennent visiter les entreprises pour dire aux épargnants et aux investisseurs ce qu'il faut penser de leur gouvernance, de leur solidité financière, de leur transparence. Par la note qu'ils décernent, ils fixent les taux d'intérêt que les entreprises notées devront verser pour obtenir des prêts. On aurait pu imaginer que ces fonctions soient remplies par des entreprises publiques, ou par des agences internationales, ou à tout le moins par des institutions à but non lucratif. Elles le sont en fait aujourd'hui par des entreprises privées, et surtout par trois d'entre elles : S&P, Moody's et Fitch. Elles sont rémunérées par les firmes elles-mêmes pour leur donner une note ! Ces agences ont tout intérêt à le faire le plus rigoureusement possible pour maintenir leur image et leur réputation. Mais elles ont aussi intérêt à ne pas déplaire à leurs clients qui peuvent se retourner vers un notateur concurrent s'ils estiment leurs notations injustes ou insuffisantes.

Et c'est ce qui arrive : comme les autres acteurs de cette histoire, les agences de notation, soucieuses de tirer un maximum de bénéfices de leurs clients, voulant participer à cette richesse venue de nulle part, notent avec une indulgence coupable, sans même aller les visiter, toutes ces firmes et tous leurs produits, des RMBS aux CDOs et aux CDS : comment être critique vis-à-vis de clients qui rapportent tant ? De fait, le revenu total des trois principales agences double entre 2002 et 2007, passant de 3 à 6 milliards de dollars. Les profits de Moody's quadruplent même entre 2000 et 2007 ! Pendant cinq années consécutives, la marge de Moody's est même la plus élevée de celles des cinq cents plus grandes entreprises analysées par le magazine *Fortune*, entreprises qu'elle est supposée contrôler…

Explosion de la dette globalisée

Dans cette connivence générale, les dettes ne peuvent qu'exploser : en 2007, les Américains cumulent 900 milliards de dollars de dettes privées sur leurs cartes bancaires, soit le double d'il y a dix ans. La dette des ménages américains passe de

46 % du PIB en 1979 à 98 % en décembre 2007. La dette extérieure américaine atteint plus de 7 T, soit 70 % du PIB. Son seul service, en 2007, est de 165 milliards de dollars, soit le double de ce qu'il était en 2002. La dette totale des Américains (tous agents confondus) atteint 350 % du PIB en décembre 2007, soit plus qu'en 1929. Il en va de même en Grande-Bretagne où les salaires baissent depuis dix ans alors que la dette des ménages explose, passant en trente ans de 20 % à 80 % du PIB. De même en France et ailleurs, au moins pour ce qui est de la dette publique. Seuls quelques rares pays, comme le Canada et le Chili, ont réduit leur dette. L'effet de levier produit la dette. Nul ne peut la rembourser. L'avalanche menace.

La crise est là. Cependant, peu la voient encore.

Ceux qui avaient prévu la crise

M. Paulson, alors ministre américain des Finances (ancien président de Goldman Sachs, comme l'était

M. Rubin, son prédécesseur, au temps du président Clinton), qui aurait dû savoir mieux que personne, ne sait rien, ne voit rien. Tout comme le FMI, alors dirigé par un Espagnol, M. Rato. Tous les ministres des Finances européens répètent alors que rien ne justifie le pessimisme de quelques-uns : voilà plus de trente ans, disent-ils à juste titre, qu'on annonce, à tort, le « déclin américain ».

Pourtant, nombre d'experts pensent depuis longtemps que la dette publique des États-Unis sera bientôt intenable, et s'attendent à un effondrement du dollar et de l'économie américaine. Le 18 août 2004, Martin Wolf, Chief Economics commentator du *Financial Times*, explique que « l'Amérique s'achemine maintenant confortablement vers la ruine ». Le 21 décembre 2004, Nouriel Roubini, professeur d'économie à l'université de New York, qui deviendra deux ans plus tard un gourou dont chaque mot vaudra de l'or, prévoit un effondrement du dollar en 2005, ou au plus tard en 2006. D'autres pronostiquent un ralentissement économique provoqué par la hausse du prix des matières premières et des denrées alimentaires.

Très peu d'experts discernent qu'en fait c'est la dette privée, et non la dette publique, qui va poser problème. Encore moins d'experts comprennent que la crise va se déclencher du fait de l'endettement immobilier des ménages les plus pauvres. Quelques-uns, pourtant, le devinent.

Paul Jorion, anthropologue belge, devenu banquier en Californie, qui écrira l'un des tout premiers livres annonçant la crise, se souvient : « C'est en 2003 que nous avons commencé, entre collègues travaillant à San Francisco chez Wells Fargo [une banque d'affaires], à discuter de la crise qui s'annonçait. »

En septembre 2004, le tout premier à le faire publiquement, Andy Xie, Chief Economist de Morgan Stanley Asia, explique au Morgan Stanley Global Economic Forum qu'une surproduction s'annonce et qu'elle aurait déjà déclenché une déflation si la Fed n'avait pas créé artificiellement de la monnaie en laissant se former une bulle immobilière ; celle-ci, dit-il, ne fait que retarder un inévitable ajustement, lequel n'en sera que plus sévère. Pour lui, combattre par des bulles la déflation alors en germe ne fera que déboucher un peu plus tard sur une déflation pire encore.

Le 10 septembre 2005, Raghuram Rajan, directeur de recherches à la Graduate School of Business de l'Université de Chicago, écrit que la création d'un grand nombre d'intermédiaires augmente la capacité du système financier à prendre des risques, mais fait planer des menaces majeures sur les grands équilibres mondiaux.

Le 7 septembre 2006, au cours d'une réunion au Fonds monétaire international, Nouriel Roubini, après avoir parlé des risques liés à la hausse du pétrole et à celle des taux d'intérêt, explique que dans « les mois et les années à venir, les États-Unis risquent de connaître une grave récession » en raison de la folie des propriétaires qui utilisent leurs maisons comme des distributeurs de billets de banque (en empruntant sur leur valeur), et de l'avidité des institutions financières qui, en titrisant les crédits hypothécaires, risquent d'entraîner une paralysie du système financier. Il annonce la faillite prochaine de *hedge funds*, de banques d'investissement et d'autres institutions financières majeures comme Fannie Mae et Freddie Mac. Ce discours fera bientôt de lui le gourou dont chaque parole sera décortiquée et servira de référence aux marchés.

Le 11 septembre 2006, à Paris, Nassim Nicholas Taleb, un ancien trader qui va publier à New York un livre en passe de devenir un énorme succès sur les théories de crise (*Le Cygne noir*), déclenche un scandale en traitant le père de la théorie mathématique qui fonde la gestion de portefeuille, Harry Markowitz, de « charlatan ». Il écrit dans son livre : « Fannie Mae semble assise sur une poudrière. » Les rares investisseurs qui l'écoutent font fortune en spéculant sur la baisse de l'immobilier. Ainsi le fonds Paulson and Co réalise 3,7 milliards de profit en 2007 en spéculant sur un déclenchement de la crise.

Pourquoi ne les a-t-on pas écoutés ?

De fait, tous ceux qui ont alors encore les moyens d'enrayer cette dérive ont quelque chose à gagner à sa poursuite : les politiques, parce que la croissance économique comble leurs électeurs ; les emprunteurs, parce que cela leur permet d'obtenir une maison au-dessus de leurs moyens ; les banquiers, les notateurs, les intermédiaires, les rehausseurs de crédit, parce qu'ils prélèvent au passage de formidables commissions, sans commune mesure avec la richesse créée. Seul à y perdre : l'avenir. Normal, il n'a pas voix au chapitre.

Pour éviter de laisser se répandre ces rares discours inquiétants, apparaît une théorie, une pensée, un dogme : la *positive attitude*. Elle consiste à se convaincre qu'un but est facilement accessible si on y aspire avec assez de sincérité, de force et de concentration. Que ce soit dans l'économie, en peinture, en sport, se diffuse globalement la conviction que le mieux adviendra si l'on y croit. Dans un pays où tout a été possible depuis deux siècles, cette ivresse du pouvoir des mots sur le réel devient une idéologie.

L'Amérique protestante, qui a commencé avec le calvinisme, en mettant en avant l'épargne et le travail, en vient ainsi à cultiver l'idée que Dieu l'a choisie et lui garantit la victoire. Cette théorie de la grâce suffisante vient ainsi nourrir la *positive attitude*.

Chacun se met à penser que pour décrocher un bon emploi, la bonne recette consiste à être optimiste. En particulier, et c'est là un point essentiel, nul ne peut devenir un dirigeant s'il annonce de possibles désastres. De même, le simple fait d'être persuadé de pouvoir assumer financièrement un emprunt immobilier à taux variable revient à se persuader d'en avoir les moyens. Aux rayons financiers des librairies américaines puis européennes, la plupart des périodiques sont dédiés aux bienfaits de la « pensée positive ». Et mettent en garde les dirigeants contre les dangers du réalisme, confondu avec le pessimisme. Plusieurs entreprises américaines élaborent même, avec l'aide de gourous spécialisés, des procédés institutionnalisant l'optimisme, promouvant discours et événements joyeux au sein de l'entreprise, avec voyages exotiques et croisières de rêve destinés aux cadres. Les moins optimistes doivent subir des séances de coaching pour les rééduquer. Ce type de gourous publient fièrement la liste de leurs clients les plus optimistes parmi lesquels les dirigeants de... Lehman Brothers et Merrill Lynch !

Comme, au même moment, tout va bien dans l'économie, en particulier en Californie, et comme les prouesses technologiques américaines sur Internet continuent de transformer le monde, nul ne voit qu'une part essentielle des talents et des capitaux est détournée par le système financier au détriment de l'industrie et de la recherche.

Il est alors très difficile de quitter la table du festin.

Tout se passe comme dans un bal où chacun ne veut voir que le somptueux buffet et l'orchestre magnifique sans remarquer qu'il n'y a qu'une issue. Tout le monde pense qu'on ne peut avoir de problèmes. Ceux qui comprennent qu'il y a des risques, la salle étant bondée, dansent encore, mais près de la sortie.

Pour prendre une autre image, tout se passe comme pour des voleurs qui, lors d'un hold-up, hésitent à quitter la salle des coffres tout en sachant que la police est en train d'arriver sur les lieux. Rien, pensent-ils, ne peut leur arriver.

Le retournement du marché des subprimes. *Économie de la panique*

Pourtant, la crise est là : dès le premier trimestre de 2005, les mises en chantier de logements baissent aux États-Unis ; au troisième trimestre, les ventes ralentissent ; au quatrième trimestre, la hausse des prix de vente se ralentit. La valeur des maisons se met à baisser. On commence même à désigner ces produits titrisés comme « toxiques » quand on réalise que la valeur résiduelle due à la banque par l'emprunteur est devenue supérieure à celle de revente du bien sur le marché. Au premier trimestre de 2006, les défauts de paiement des emprunteurs de *subprimes* augmentent ; en août 2006, un premier établissement de crédit hypothécaire, qui les commercialise, fait faillite. Ces prêts n'en continuent pas moins : en 2006, un nouveau prêt immobilier sur quatre accordés est encore de type *subprime*.

Mais les défauts de paiement ne concernent pas que les crédits *subprimes* : en 2006, l'agence de presse économique Bloomberg évalue à 16 % les retards de paiement de plus de deux mois sur les crédits *Alt-A*, crédits au logement de meilleure qualité ; 14 % des Américains disent avoir du mal à acquitter régulièrement leurs échéances.

Une société très endettée. Des emprunteurs qui ne peuvent plus payer leur dette… En général, c'est le moment que choisissent les gouvernements pour clamer que tout va bien. Les citoyens les plus lucides en tirent la conclusion que la catastrophe est au bout de la route. Et, le pensant, ils la précipitent en bradant leurs actifs pour rester « liquides ».

C'est là que l'engrenage se met en marche : comme à chaque crise, la peur devient panique ; elle entraîne une bousculade, donc des morts parmi ceux qui veulent « sortir ». La panique est tout autre chose que la peur ; elle ouvre sur des évolutions totalement imprévisibles. Elle est aussi savamment orchestrée par ceux qui ont intérêt à faire croire que le monde va s'écrouler si eux-mêmes perdent leurs bonus indexés sur les profits et les cours de bourse.

Désormais, pour comprendre l'enchaînement qui a conduit à la situation actuelle, il nous faut poursuivre en racontant les événements presque jour après jour, jusqu'à la prise de fonction du président Obama, en ne retenant que ceux qui sont en relation directe avec la crise.

En février 2007, alors que tout le monde s'inquiète des effets de la forte croissance économique sur les prix des denrées alimentaires et du pétrole, les nouvelles règles comptables imposent la valorisation des actifs au cours du marché. Les banques se rendent alors compte qu'elles ne sont pas vraiment débarrassées des actifs qu'elles ont titrisés, et que, pour des raisons juridiques, ceux-ci peuvent revenir dans leur bilan. Elles s'inquiètent alors de l'obligation qui leur est faite d'en tenir compte. Comme les accords de Bâle les contraignent à faire dépendre leurs prêts de leurs fonds propres, la valorisation à la baisse de ces fonds propres peut les conduire à la faillite. Le piège tendu par le couple formé par les accords de Bâle et ceux de l'IFRS (deux institutions informelles) se referme sur les banques.

En juin 2007, la banque d'investissement Bear Stearns annonce la faillite de deux *hedge funds* ayant investi dans les *subprimes*. En juillet, alors que deux millions d'Américains, incapables de rembourser leurs crédits, ont dû vendre leur maison, Wynne Godley, du Levy Institute, explique que « la dette des ménages américains est intenable ». Bill White, l'économiste de la BRI, à Bâle, est tout aussi inquiet, mais n'en souffle mot clairement en public. En août, la baisse de l'immobilier aux États-Unis se traduit par une aggravation des « défauts » des emprunteurs de crédits *subprimes*. Les biens sont saisis et revendus, ce qui accélère la chute des prix des actifs et celle des produits titrisés associés.

Là commence, par un incident, la prise de conscience que la crise financière n'est pas qu'américaine, et que les *subprimes* ont été titrisées dans le monde entier sans plus être « traçables ». Le 10 août, selon Paul Jorion, « c'est une banque française, BNP Paribas, qui sonne l'alarme ». On commence à comprendre que le phénomène ne concerne pas que quelques pauvres emprunteurs américains. On réalise même que certaines banques européennes sont plus fragiles que les américaines, parce que leurs fonds propres sont plus faibles : alors qu'aux États-Unis les banques prêtent 96 cents pour chaque dollar de dépôt, les banques européennes prêtent 1,40 euro pour chaque euro déposé ! Et même si elles le font en général en prenant moins de risques, des banques qu'on croyait solides se révèlent touchées, n'ayant plus les fonds propres nécessaires. Le 13 septembre 2007, la Northern Rock, cinquième banque de Grande-Bretagne, demande du secours à la Banque d'Angleterre. C'est une « jeune » banque (fondée en 1965, elle est entrée au London Stock Exchange en 1997), provinciale (Newcastle), spécialisée dans les crédits immobiliers à faible taux et à relativement fort risque (comparable à des crédits *Alt-A* américains, c'est-à-dire un peu moins risqués que les *subprimes*) ; ayant un besoin constant de refinancement, qu'elle trouve de plus en plus difficilement, Northern Rock demande avec beaucoup de retard à la Banque d'Angleterre de se porter caution sur ses prêts. Cela n'empêche pas une chute de 72 % de son cours de bourse, ainsi que des files d'attente devant ses agences, ce qui aggrave sa crise de liquidité.

Le 13 septembre, à New York, de plus en plus écouté, Nouriel Roubini répète qu'« aussi longtemps que le logement de chacun est un distributeur de billets, la consommation privée continuera d'augmenter sans fondement réel ». Le 14 septembre, la Banque d'Angleterre accorde un prêt d'urgence à Northern Rock pour lui éviter la faillite.

Le gouverneur de la Banque d'Angleterre hésite : faut-il aider les banques ? Le nouveau président de la Fed, Ben Bernanke, ne tergiverse pas : lui qui a fait sa thèse sur la crise de 1929, convaincu que le rôle d'une banque centrale est de servir d'abord les citoyens de son pays, et persuadé que, pour les Américains, ce qui compte avant tout, c'est la croissance, est décidé à ne pas laisser la récession s'installer ; mais jusqu'où ? Il hésite à ouvrir les vannes de l'émission monétaire. Pour sa part, le président de la BCE, Jean-Claude

Trichet, pourtant en charge de faire de l'euro une monnaie de réserve internationalement reconnue, ne recule pas : au grand dam de ses collègues horrifiés, il accepte d'accroître les volumes des titres en dépôt à la Banque centrale en échange d'émissions monétaires en faveur des banques qui se disent, encore discrètement, en difficulté. En agissant ainsi, il sauve le système financier mondial, et la Fed se laisse convaincre d'en faire autant.

Le 1er octobre, UBS et Citigroup annoncent d'importantes dépréciations d'actifs liées aux *subprimes* et aux produits dérivés. Plusieurs autres banques américaines et européennes font de même les jours suivants. Les banques centrales les aident à passer le cap. Le 8 octobre, George Magnus, l'économiste de l'UBS, écrit justement dans le *Financial Times* que « la liquidité des banques est menacée. Le processus de réduction de la dette ne fait que commencer ».

En décembre 2007, l'ex-président de la Fed, Alan Greenspan, toujours sans remords pour les décisions qu'il a prises, convaincu que les baisses de taux d'intérêt étaient nécessaires, considère la bulle qui s'en est ensuivie comme « la manifestation la plus récente de cette disposition humaine à l'euphorie » dont il cite un autre exemple avec « la tulipomanie en Hollande au XVIIe siècle ».

En janvier 2008, de très nombreuses banques américaines, comme Freddie Mac et Fannie Mae, ne doivent plus leur solvabilité qu'aux prêts de la Fed et de fonds souverains des Émirats, de Singapour, de Chine. Le 22 janvier, la Fed baisse son taux directeur de trois quarts de point, à 3,50 %, mesure d'une ampleur exceptionnelle. À la fin du mois, les Bourses vont mieux. Paul Jorion annonce néanmoins des menaces sur le Crédit agricole, les Caisses d'épargne, Natixis… Roubini continue, lui aussi, de dire qu'on n'a encore rien vu !

Et, de fait, on n'a encore rien vu : à Londres, le 7 février, Northern Rock est nationalisée. Le 4 mars, à Wall Street, la banque d'investissement

Bear Stearns menace de faire faillite, en abandonnant 13 400 milliards de dollars de transactions sur les produits dérivés, soit beaucoup plus que la faillite de Long Term Capital Management (LTCM) en 1998. 13,4 T : chiffre vertigineux, supérieur au PIB du pays !

Le 11 mars, la Fed décide pour la première fois depuis 1929 d'admettre les banques d'investissement, dont Bear Stearns, au refinancement auquel n'ont eu droit jusqu'ici que les banques de dépôt. Incroyable décision : la Fed, qui ne contrôle pas ces institutions qui sont sous la tutelle de la SEC, s'apprête à les soutenir sans connaître leurs bilans ! Le 14 mars, J.-P. Morgan et la Fed octroient un prêt à Bear Stearns pour lui éviter la faillite. Le 16 mars, la banque J.-P. Morgan Chase rachète Bear Stearns à 2 dollars par action (au lieu de 93 dollars en février), grâce à un prêt du Trésor de 29 milliards que rien ne garantit. Le marché applaudit à cette entrée des contribuables dans le financement de ses erreurs ! Le lendemain, Jim Reid, analyste à la Deutsche Bank, écrit : « Les États-

Unis s'acheminent confortablement vers la ruine. Plus le processus sera long, plus le choc sur le dollar et sur le niveau de vie sera élevé. »

Le 24 mars, sous la menace d'un procès, J.-P. Morgan porte son offre sur Bear Stearns à 10 dollars par action, soit 1,2 milliard de dollars au total. Où trouver l'argent ? En avril, Nouriel Roubini, dont les paroles déterminent maintenant le comportement des investisseurs, écrit : « Je prévois le risque d'une sévère crise de liquidité conduisant à un effondrement du système financier d'une ampleur inédite. Le gouvernement fédéral doit intervenir. » Le FMI évalue les pertes financières d'ensemble à 945 milliards de dollars, déclenchant les critiques de ceux qui le disent pessimiste. On n'a pourtant encore rien vu.

En mai, la Fed apporte 150 milliards de garantie aux organismes de crédit, et 100 milliards aux banques de dépôt. Au même moment, le gouvernement emprunte 165 milliards de dollars pour réduire les impôts des consommateurs.

Puis vient le pire : le 30 juin 2008, la plus grande compagnie d'assurances au monde, AIG, annonce que sa division financière (qui agit comme une banque d'investissement en tant que contrepartie dans un très grand nombre de *swaps* et de *hedge*, afin d'assurer les titres qu'elle utilise pour constituer ses provisions) a émis des CDS adossés à des CDOs pour un montant de 441 milliards de dollars. Or, ces CDOs, quoique notés AAA, sont eux-mêmes fondés essentiellement sur des RMBS, dont des *subprimes*, pour 60 milliards de dollars. En d'autres termes, AIG avoue avoir comptabilisé dans ses réserves techniques des titres très spéculatifs, titrisations de *subprimes*, dont la valeur n'est garantie que par des mécanismes encore plus spéculatifs. Une véritable bombe à retardement !

Pourtant, une semaine plus tard, le sommet du G8 qui se tient du 7 au 9 juillet 2008 à Toyako, sur l'île d'Hokkaido, au Japon, ne parle que du réchauffement climatique, de la crise alimentaire, de sa propre extension au G13…

Le 15 juillet, la récession s'annonce par une chute de 17 dollars du prix du baril de pétrole.

Pendant ce temps, la titrisation des *subprimes* continue à faire parler d'elle : en juillet, les deux organismes publics de crédit au logement, Freddie Mac et Fannie Mae, menacent de ne pas rembourser leur dette, évaluée alors à 1,5 T. De très nombreuses institutions financières, en particulier asiatiques, ayant investi en titres de ces deux firmes supposées infaillibles, le ministre américain des Finances, M. Paulson, annonce, la mort dans l'âme, son intention d'accorder une aide budgétaire à Fannie Mae et Freddie Mac. Tout son système de pensée honnit ce qu'il est contraint de dire et de faire.

En août, les prêts à la consommation, en particulier le crédit automobile, reculent. La BCE, de même que la Banque fédérale américaine, prennent maintenant en pension tous les titres possibles sans analyse préalable, pour soutenir les banques.

Le 6 septembre, c'est au tour de la banque Lehman d'avoir besoin d'une augmentation de capital de 200 milliards : elle avoue avoir 613 milliards de dettes et détenir parmi ses actifs au minimum 85 milliards de titres « toxiques », dont 57 milliards de dérivés de *subprimes*. Comme elle n'a plus de revenus sur ces titres, elle essuie donc une perte considérable : 18 milliards de dollars pour les trois trimestres écoulés.

Au ministère des Finances, personne ne veut plus payer ni pour Lehman, ni pour AIG, ni pour Morgan Stanley (qui va aussi très mal), ni pour personne d'autre. Paulson pense que c'est le moment de montrer que le budget fédéral ne va pas couvrir toutes les turpitudes de Wall Street ! Chacun perçoit pourtant le danger d'une mise en faillite de Lehman : il faudrait liquider ses actifs, dont des CDOs et des CDS, ce qui fixerait au plus bas leur valeur, et contraindrait, selon les nouvelles normes IFRS, toutes les autres institutions financières à valoriser immédiatement leurs propres actifs à ce niveau. Ce qui réduirait leur valeur en bourse et, en application des accords de Bâle, leur capacité de prêter. Devant cette menace, la Fed et le Trésor sont convaincus que les banques prendront Lehman à leur charge. Une partie de poker s'engage alors entre Wall Street et Washington.

D'autant plus que le lendemain, 7 septembre, le Trésor est obligé de mettre sous tutelle Fannie Mae et Freddie Mac.

Paulson pense gagner : pendant le week-end du vendredi 12 au dimanche 14 septembre, les banques de Wall Street discutent d'un plan prévoyant de cantonner les mauvaises dettes de Lehman dans une « mauvaise banque » financée par un fonds de 70 milliards mis en place par les autres banques, le reste étant placé dans une « bonne banque » rachetée par Barclays et Bank of America. Chacun croit que la solution est trouvée. Le vendredi matin, l'éditorialiste du *Financial Times* écrit : « Il est temps pour les autorités de se retirer (...). Ce qui a été fait jusqu'à maintenant devrait être suffisant. »

Mais, finalement, le lundi matin, les banques de Wall Street, convaincues que Paulson paiera, rejettent le plan trop compliqué à mettre en œuvre : qu'est-ce qu'une « mauvaise » banque ? Le ministre ne cède pas et, tout à sa rage, refuse d'intervenir. Le même jour, 15 septembre, Lehman est donc placé sous la protection du chapitre 11 de la loi contre la faillite. C'est la pire décision qui pouvait être prise ; elle va entraîner en quelques jours le système financier mondial au bord du gouffre.

Alors que la Fed craint que des problèmes ne se multiplient sur les marchés des dérivés, c'est sur le marché du financement à court terme que se déclenche la panique. Les banques, ne sachant très exactement ce que Lehman leur devait et ne leur remboursera pas, ne prêtent plus à personne. Le marché monétaire se fige. Le marché interbancaire disparaît. Le Libor, taux d'intérêt principal sur ce marché, fait un bond de plusieurs centaines de points de base (1 point de base = 0,01 %).

De plus, ce même jour, 15 septembre, la faillite de Lehman oblige le premier assureur mondial, AIG, alors déjà en très grande difficulté, à jouer son rôle d'assureur, ce qui fait monter sa perte cumulée à 30 milliards de dollars, auxquels s'ajoutent 600 millions liés à la dévalorisation complète d'actions Fannie-Freddie à la suite de leurs nationalisations. Cette semaine-là, pas une seule syndication de prêt : le financement à long terme des entreprises s'arrête.

Les agences de notation, obnubilées par la nécessité de faire oublier tant d'erreurs passées, exigent immédiatement d'AIG des provisions, dites « appels de marge », de 13 milliards, pour compenser la détérioration de sa qualité d'assureur. AIG se retrouve en crise de liquidité ; le titre perd 95 % de sa valeur (1,25 dollar l'action).

Le lendemain 16 septembre, comme s'il avait compris que l'erreur concernant Lehman ne pouvait pas être rééditée, Paulson, qui manque cruellement d'experts autour de lui, hormis ceux de Goldman Sachs, imagine encore de demander à Goldman Sachs et J.-P. Morgan de prendre la tête d'un consortium organisant un crédit syndiqué de 75 milliards pour l'assureur AIG. En vain. Le choix est désormais entre une nouvelle faillite et la nationalisation. Paulson ne peut faire subir à AIG le sort de Lehman. Pour la première fois, la Fed prête à une non-banque : 85 milliards de dollars gagés sur tous les actifs d'AIG, à un taux pénalisateur pour inciter à son remboursement le plus rapide. Mais là est l'énorme changement : une fois le crédit éteint, l'État fédéral demeurera actionnaire à 79,9 %. La première compagnie d'assurances mondiale, fleuron de l'Amérique, est ainsi nationalisée à la stupéfaction de tous. Paulson obtient aussi le droit de changer le management, ce à quoi il s'emploie, tout à sa rage, obligé au surplus, le lendemain, d'aider aussi Goldman Sachs et Morgan Stanley à n'être pas rachetés par des Japonais ou des Anglais !

Au même moment, à Londres, où la situation est tout aussi grave, la gestion de la crise est très différente. On fait revenir à la Trésorerie tous les experts égaillés dans la City. Tout le monde se met à travailler à un plan dont le but, justement, n'est que de sauver la City et ses extraordinaires privilèges financiers. Et ce plan tient compte des erreurs américaines : pas question de laisser des banques approcher de la faillite, comme cela a déjà été fait une fois avec Northern Rock. Pas question non plus de cantonner les mauvaises dettes, comme cela a été envisagé pour Lehman. Pas question pour l'État de fournir des ressources financières sans vérifier qu'elles seront vraiment utilisées à financer des entreprises. Pas question, enfin, de prendre des participations dans les entreprises sans siéger au sein de leurs conseils.

Le 25 septembre, le ministre allemand des Finances, Peer Steinbrück, déclare, triomphant, que c'est la fin du rôle des États-Unis en tant qu'hyperpuissance. Dix jours plus tard, il devra improviser un programme pour sauver de la faillite Hypo Real Estate…

Le mois de septembre a tout bouleversé : Lehman a fait faillite, Bear Stearns et Merrill Lynch ont été rachetés en catastrophe, Goldman Sachs et Morgan Stanley ont été renfloués *in extremis*, AIG a été nationalisé. Mais chacun croit une fois de plus la crise terminée : le gouvernement américain finance tout, en augmentant sa dette que les agences de notation affirment encore digne de la note AAA attribuée aux emprunteurs les plus sûrs.

Personne ne voit que, sur le marché des CDS, c'est-à-dire celui des assurances contre le non-remboursement d'un prêt, la probabilité de défaut des États-Unis, qui reste faible, a doublé en l'espace de six mois : les CDS, une fois de plus, montrent que la crise ne fait que commencer.

Chapitre 3

Le jour où le capitalisme a failli disparaître

Quand approche la fin du mois de septembre 2008, rien n'est réglé, bien au contraire. Chacun comprend que, malgré tous les efforts, la confiance n'est pas rétablie. Rien n'y a fait : ni le soutien de chaque banque par la Fed, ni la faillite d'une autre, ni les avantages fiscaux accordés aux détenteurs de *subprimes*. Cela est vrai aux États-Unis, mais aussi ailleurs.

Partout les clients des banques s'interrogent ; partout les prêteurs retirent leur épargne des fonds les plus spéculatifs ; certains se demandent même si leur argent est vraiment à l'abri dans les banques. Des entreprises américaines trouvent plus difficilement des lignes de crédit dans les banques, et leur trésorerie, placée en actions, a perdu beaucoup de sa valeur. L'économie américaine est au bord de l'asphyxie, et le reste du monde avec elle.

Le 26 septembre, sous la pression des banques, et malgré son opposition idéologique absolue, l'administration Bush finit par réagir. Le secrétaire au Trésor Paulson propose de racheter aux banques leurs mauvaises dettes à un « juste prix » qu'il se réserve de fixer sans recours. C'est donc un plan de cantonnement, comme celui qui avait été imaginé quelques semaines plus tôt pour Lehman, et qui avait alors été refusé.

Les critiques fusent dans le pays comme au Congrès et au Sénat. Elles émanent de la gauche : Comment distinguer les « bonnes » des « mauvaises » dettes ? Que veut dire un « juste prix » ? Paulson ne va-t-il pas favoriser ses anciens amis de Goldman Sachs ? Ou même toutes les banques de Wall Street ? Ne vaut-il pas mieux nationaliser ces banques ? Ou à tout le moins leur imposer des réglementations très rigoureuses ? Pourquoi endetter encore le pays, ce qui revient à augmenter, à terme, les impôts ? Cela ne risque-t-il pas de porter un coup fatal au dollar, et de ruiner tous les Américains ? Pourquoi ne pas mieux utiliser ce même argent, s'il existe, à soutenir les ménages modestes menacés d'expulsion ? Pourquoi, même, ne pas annuler les dettes de ces ménages, comme l'avait fait, en son temps, l'administration Roosevelt ?

Les critiques viennent aussi de droite : Pourquoi l'État s'immiscerait-il dans les affaires du secteur privé ? Pourquoi financer le « capitalisme casino » ? Pourquoi encourager les banques à commettre des erreurs en les subventionnant ? Pourquoi ne pas laisser les banques régler entre elles leurs problèmes ? Pourquoi alourdir la dette publique, embaucher des fonctionnaires, augmenter les impôts ? Va-t-on laisser les contribuables payer ex-post les bonus des banquiers qui les ont mis dans une pareille situation ?

Les représentants et sénateurs républicains opposés au plan Paulson proposent même la création, en lieu et place du soutien public, d'une caisse de garantie mutuelle des banques financée par les banques elles-mêmes.

Le 29 septembre, en dépit de tous les efforts de l'administration Bush, la Chambre des représentants rejette le plan Paulson par 228 voix contre 205. Le système bancaire est exsangue. La panique est à son comble. Wall Street chute de 777 points.

On passe ce jour-là au bord de l'arrêt du système financier mondial. La crise de liquidité se propage aussitôt en Europe et en Asie, provoquant des hausses brutales des taux à 1 et 3 mois à Singapour, Hong Kong et Sydney. La Banque du Japon augmente elle aussi le taux et le montant de ses interventions.

Dans la nuit du lundi 29 au mardi 30 septembre, des banques européennes empruntent 15,5 milliards d'euros à la Banque centrale européenne.

Le mardi 30, la crise s'amplifie. Les banques gardent précieusement leurs propres liquidités, créant une pénurie d'argent. Les *hedge funds* précipitent la chute des banques en vendant à terme leurs titres, spéculant sur leur baisse et la provoquant, au grand dam des banquiers. Même les entreprises les plus solvables ont le plus grand mal à emprunter à court terme. L'Europe est aussi touchée. Toutes ses banques sont menacées. Pour faire face, les banques centrales injectent des quantités considérables de liquidités. La Fed, qui n'a jamais eu à contrôler les banques d'affaires, couvre désormais aussi leurs pertes par des prêts à guichet ouvert : la fenêtre de réescompte spéciale passe de 300 à 450 milliards de dollars. Les engagements de la BCE et de la Banque du Japon doublent. Dans la même journée, la Banque centrale australienne injecte 1,6 milliard de dollars US dans ses banques en prenant des titres en dépôt, comme font toutes les autres banques centrales. Malgré cela, les taux à court terme s'envolent jusqu'à

10 % à Londres et les volumes de transactions s'effondrent.

Ce jour-là, 30 septembre, continuant à vouloir faire oublier son aveuglement passé en affichant une sévérité nouvelle, Fitch dégrade la note de l'assureur américain Hartford Financial, victime de pertes consécutives à la faillite de Lehman et du rachat d'AIG par l'État. Cette nouvelle notation provoque une chute de 18 % du cours de l'action de cette société et entraîne, le lendemain, la chute du cours de deux autres assureurs, Metropolitan Life et Genworth Financial.

Chacun se rend compte qu'il faut agir vite. L'État américain doit être autorisé à financer les pertes pour tenter de rétablir la confiance. Le plan Paulson est réécrit à toute vitesse sur le modèle de celui que se prépare à annoncer, à Londres, Gordon Brown, lequel envisage d'engager 500 milliards de livres pour aider plusieurs banques : plus question d'isoler les « mauvaises » dettes !

Paulson propose au Congrès que le Trésor octroie aux banques et autres institutions financières une garantie de 700 milliards de dollars, dont 250 milliards sur les emprunts immobiliers, une garantie de 1 500 milliards sur les dettes bancaires, et une autre de 500 milliards sur les comptes des épargnants. Pour tenter de convaincre les membres récalcitrants du Congrès, il concède que le Trésor devra redemander l'autorisation de ce dernier pour certaines tranches. Rien n'est prévu pour venir en aide aux *hedge funds*.

Pour mettre en œuvre ces mesures, Paulson propose de créer un Trouble Asset Relief Program (TARP) qui sera géré par l'Office of Financial Stability et organisera le rachat de *mortgage-backed securities*, de crédits immobiliers aux banques régionales et d'assurances sur actifs de mauvaise qualité. Encore l'idée d'une « *bad bank* », rassemblant et isolant les mauvais crédits. Ce TARP financera la recapitalisation de banques et de firmes ayant besoin de capital ; il fournira une assistance aux ménages surendettés.

Le plan Paulson est assorti de quelques conditions suspensives :

les revenus des dirigeants devront être limités ; les agences gouvernementales entreront dans les conseils des entreprises aidées ; les fonds prêtés seront remboursés par les revenus futurs.

Le Sénat hésite. Beaucoup sont sincèrement choqués par ce qu'ils assimilent à du socialisme. D'autres marchandent cyniquement leurs voix : on décide ainsi de l'extension de la taxe sur le rhum à Porto Rico et aux îles Vierges, de la possibilité pour les circuits de courses automobiles d'étaler leurs pertes sur sept ans, du transfert de certaines taxes à l'importation de produits lainiers au Fonds Lainier…

Le vendredi 3 octobre, le Sénat vote en faveur du plan (74 voix pour, 25 contre). Reste à obtenir l'assentiment de la Chambre des représentants. Cela traîne. Pendant le week-end, la situation continue de se dégrader. Plusieurs très grandes entreprises sont, faute de fonds de roulement, au bord du dépôt de bilan. C'est aussi le cas de certains États, dont la Californie qui a besoin de 7 milliards de dollars pour faire face à des paiements d'urgence. Pour la première fois depuis le début de la crise financière, en août 2007, plus rien n'est sous contrôle ; le spectre de 1929 semble se matérialiser.

Le samedi 4 octobre, une réunion à Paris des dirigeants de la France, de l'Allemagne, de l'Italie et de la Grande-Bretagne, à l'initiative du président provisoire de l'Union européenne, le Président français, n'aboutit qu'à un vague accord sur une garantie donnée aux banques et sur la levée des contraintes pesant sur les déficits budgétaires. Aucun Fonds européen n'est mis en œuvre. Le sauvetage des banques devra se faire État par État. Même si, dans la nuit, la Chancelière allemande (qui a refusé cette mutualisation des risques pour ne pas payer pour d'autres) découvre que ce sont ses propres banques qui vont souffrir le plus ! La crise de la banque Hypo Real Estate oblige en effet le gouvernement allemand à engager plus de 50 milliards d'euros…

L'accueil réservé par les opérateurs financiers européens aux résultats de cette conférence est désastreux. Les taux (Libor pour les prêts en livres, Euribor pour les prêts en euros à trois mois) augmentent. Des banques sont prêtes à payer 11 % d'intérêt, soit cinq fois plus qu'en juin ! Seuls les Trésors publics et les banques centrales alimentent encore les marchés monétaires. Le sang froid du gouverneur de la BCE et du président français de l'Union européenne joue un rôle majeur dans cette phase particulière de la crise.

Le lundi 6 octobre, devant la panique mondiale, la Chambre des représentants approuve le plan Paulson à une large majorité (263 voix contre 171) sans rétablir pour autant la confiance : Trop peu et trop tard ! pensent beaucoup. La FDIC (Federal Deposit Insurance Corp., agence fédérale de garantie des dépôts bancaires), qui reçoit une ligne de crédit quasi illimitée du Trésor pour aider les banques menacées de faillite, déclare ne pas avoir les moyens humains de contrôler si les fonds alloués à ces banques seront bien utilisés.

Les montants figurant dans le plan

Paulson commencent à être déboursés : 250 milliards de dollars sont utilisés pour une prise de participation forcée dans les neuf principales banques américaines ; 123 milliards de dollars servent à renflouer AIG, sans doute pour racheter les CDS venant de Lehman. Les opérations de crédit interbancaires ne reprennent pas.

Le 7 octobre, le FMI estime les pertes planétaires à 1,4 T au lieu de 0,9 T en mars. Le lendemain, toutes les banques d'Europe sont menacées. Plusieurs sont nationalisées dans la journée : la Grande Bretagne reprend la banque Bradford & Bingley ; 75 % de la partie belge de Fortis (très touchée par la crise américaine) sont repris par la BNP Paribas avec une prise de participation des gouvernements belge et luxembourgeois ; l'Irlande garantit 400 milliards d'euros de dettes et de dépôts.

Le 8 octobre, Gordon Brown annonce le programme sur lequel il travaille depuis trois semaines : une entrée massive de l'État dans le capital de banques britanniques, accompagnée de garanties de leurs dettes et d'un strict contrôle sur leur usage des fonds.

Le jeudi 9 octobre, le gouvernement américain accorde un prêt complémentaire de 37,8 milliards de dollars à AIG dont le déficit s'annonce comme un puits sans fond.

Ce jour-là, Nouriel Roubini répète que la faillite du système financier mondial est proche. Plusieurs pays, dont l'Islande et la Hongrie, endettés et au fort déficit extérieur, voient les *hedge funds* retirer leurs capitaux, et leurs bourses s'effondrer. L'Italie doit désormais payer un taux d'intérêt supérieur de 1 % à celui de l'Allemagne pour lever de l'argent, alors que cet écart était trois fois moindre six mois auparavant. En Chine, le marché immobilier donne des signes de craquement et les fermetures d'usines se multiplient, les entreprises se trouvant privées de leurs débouchés dans les pays occidentaux.

Aux États-Unis, les principaux rehausseurs de crédit (dont Ambac et MBIA), à qui plus personne ne fait grande confiance, annoncent des résultats catastrophiques : leurs pertes ont été multipliées par près de sept en un an, et une part significative des 450 milliards de dollars restants du plan Paulson devront être consacrés à leur sauvetage et à celui d'établissements de crédits à la consommation tels que GE Financial Services.

Le samedi 11 octobre, les quatre dirigeants institutionnels de l'Union européenne (les présidents du Conseil, de la Commission, de la Banque centrale et de l'Eurogroup) – et non plus, comme le samedi précédent, quatre des pays membres –, réunis à Paris, encore une fois à l'initiative de la France et du président Sarkozy, décident une intervention coordonnée sur le modèle du plan britannique : garantie donnée par les États pour toute dette nouvelle jusqu'à la fin 2009, entrée dans le capital des banques, si nécessaire, et retour à la comptabilité ancienne qui permet de maintenir durablement la valeur des actifs et donc la capacité de prêter des banques. Au total, l'Europe garantit 1 700 milliards d'euros, dont 840 pour le couple franco-allemand. L'essentiel de ces 1 700 milliards concerne des garanties et des recapitalisations de banques pour 250 milliards. La France, pour sa part, s'engage le 13 octobre pour un montant de 360 milliards, dont 40 pour recapitaliser les banques et 320 de garanties bancaires. Ce n'est pourtant pas un triomphe : aucune action véritablement conjointe ; aucune action de la Commission ni de la BEI ; aucun budget européen spécifique.

Le 18, à Washington, les présidents Bush, Sarkozy et Barroso affichent la volonté de recapitaliser les banques et les institutions financières, de leur fournir une provision illimitée de liquidités, de donner des garanties temporaires sur tous les dépôts, d'accorder du crédit aux entreprises par l'achat de papier commercial, de racheter tous les produits « toxiques » immobiliers (aux États-Unis) selon des critères clairs et des valorisations transparentes, d'utiliser le FMI et toutes les banques régionales de développement pour fournir des crédits à des pays émergents, de mettre en œuvre une politique monétaire plus laxiste, si nécessaire, d'organiser enfin une série de sommets internationaux du G20, forum informel regroupant les pays représentant 90 % du PIB mondial, pour une meilleure régulation, une meilleure veille et un meilleur contrôle des agences de notation, des *hedge funds*, des rémunérations et des paradis fiscaux. On mesure l'incroyable changement réalisé par ces hommes qui considéraient presque tous, un mois plus tôt, que le mieux était encore de ne rien faire et que la dérégulation et la liberté des marchés étaient la clé du succès économique et politique. Et pourtant, le changement n'est que mineur : le G20 sera présidé en 2009 par la Grande-Bretagne qui n'a pas intérêt à la réforme des places financières. Le premier de ces sommets est fixé pour le 15 novembre 2008 à Washington.

Le 21 octobre, chacun s'inquiète du règlement, qui doit se faire dans la journée, de la partie de la faillite de Lehman portant sur les CDS. Leur valeur initiale semble porter sur 400 milliards de dollars, et leur effondrement risque d'entraîner celui des bilans de toutes les banques. Mais, en fait, rien ne se produit, car ces CDS ont été absorbés pour l'essentiel par les prêts de la Fed à AIG, contrepartie la plus exposée à Lehman Brothers. Les autres CDS reliés restent encore cachés dans les bilans… Le 22 octobre, le marché des *futures* est suspendu. Le 23, Roubini prévoit encore une possible fermeture des marchés financiers. AIG annonce avoir besoin de plus que les 122,8 milliards de dollars déjà empruntés à l'État. Le vendredi 24 octobre, 79e anniversaire du plongeon de Wall Street, nouvelle journée noire : l'indice Dow Jones recule de 3,59 %. À Paris, l'indice CAC 40 baisse de 3,54 %, après être passé sous la barre des 3 000 points. Tokyo cède 9,60 %, Bombay 11 %.

À Londres, chacun se rend compte que la City est largement surdimensionnée, que la production financière est très excessive, qu'on aura bientôt besoin de moins de banques. Du jour au lendemain, ces gens surpayés deviennent, une fois licenciés, des parias aux yeux de leurs collègues.

Le 26 octobre, l'Islande, au bord de la faillite – ses trois principales banques, très dépendantes des *hedge funds*, étant ruinées –, signe un accord avec le Fonds monétaire international pour un prêt de 2,1 milliards de dollars (1,7 milliard d'euros). La liste des autres pays en grande difficulté ne cesse de s'allonger : Ukraine, Pakistan, Argentine, Hongrie, etc.

Le 27 octobre, la demande de liquidités reste très élevée ; les comportements de thésaurisation conduisent à une demande exponentielle des entreprises à la recherche d'un fonds de roulement. La Fed devient l'acquéreur en dernier ressort de titres de dettes non sécurisées pour un montant pouvant aller jusqu'à 1,6 T.

Le 30 octobre, AIG doit encore réclamer des fonds supplémentaires au Trésor. Il est désormais établi qu'il y avait au moins 400 milliards de CDS dans AIG : l'assureur utilisait des pseudo-assurances ! Le plan d'aide à AIG passe de 123 à 150 milliards de dollars sous forme de prêts à plus long terme que prévu : des titres, des CDS, des MBAS sont placés dans un nouveau « véhicule ».

Beaucoup estiment une fois de plus que le pire de la crise est passé : les indices boursiers remontent, tel le CAC 40 qui passe de 3 000, le 27 octobre, à 3 700 le 4 novembre. Les taux sur le marché monétaire reviennent très progressivement à des niveaux presque normaux. Le pétrole continue de chuter (de 73 dollars le baril le 21 octobre à 61 dollars le 10 novembre).

Mais ce n'est là qu'un bref répit ; rien n'est réglé et les produits « toxiques » sont toujours là, dans le bilan des banques. La consommation s'effrite. Le désendettement se poursuit. Les actifs perdent de la valeur. C'est maintenant l'industrie automobile qui est au bord de la faillite, aux États-Unis comme en Europe.

Le 9 novembre (une semaine après l'élection de Barack Obama à la présidence des États-Unis), se réunissent les ministres des Finances du G20 pour préparer le prochain sommet. La Chine s'inquiète des conséquences sociales d'une chute de son taux de croissance au dessous de 9 % (ce qui lui rendrait très difficile la création des 30 millions d'emplois imposés chaque année par la seule migration rurale) ; elle lance un plan de relance de 586 milliards de dollars, soit 4 trillions de yens, soit 15 % du PIB chinois, pour investir d'ici à la fin 2010 dans les infrastructures, pour acheter du blé aux paysans et pour soutenir les petites et moyennes entreprises, en particulier dans le monde rural, avec des déductions fiscales pour la classe moyenne. La Chine pourrait aisément faire beaucoup plus : son budget global est encore en excédent, même si les dépenses de l'État viennent à augmenter de 30 % l'an.

Le 10 novembre, les ministres des Finances de l'Union se mettent d'accord pour proposer une réforme fondée sur cinq principes : surveiller les agences de notation, en particulier en raison de leur impact sur les exigences en capitaux imposées par les accords de Bâle-II ; harmoniser les règles comptables ; maîtriser les revenus des acteurs du marché financier ; interdire les places *off shore* ; donner au FMI la responsabilité principale et les ressources nécessaires pour rétablir la confiance.

Aux États-Unis, ce même jour, la situation continue de se dégrader : on annonce la perte de 240 000 emplois en octobre, soit autant qu'en septembre. AIG apparaît encore comme un puits sans fond et annonce une nouvelle perte de 24,5 milliards au troisième trimestre, alors que les autorités américaines lui ont déjà accordé plus de 150 milliards de dollars. Le même jour, Fannie Mae annonce aussi une perte nouvelle de plus de 29 milliards de dollars pour le seul troisième trimestre 2008.

Le 12 novembre, M. Paulson dénonce les Européens et les Chinois comme responsables de la crise et renonce au rachat des « mauvais » actifs des banques ! Il modifie son plan pour pouvoir investir directement dans les banques.

Le 14 novembre, la Commission européenne annonce son intention de protester à l'OMC contre les aides budgétaires des États-Unis à leur industrie automobile, et d'organiser une coordination des plans nationaux de relance des Vingt-sept.

Le sommet du G20 du 15 novembre n'aboutit à aucune décision, si ce n'est à celle de renvoyer les réformes à un autre sommet du G20, en avril à Londres, sous la présidence britannique. Rien ne s'est donc débloqué : le système financier reste paralysé, la récession économique commence. Chacun met en place des plans de réformes nationaux sans réforme d'ensemble. En particulier de la régulation. Seules les banques centrales continuent de financer les banques (et même les entreprises aux États-Unis). Tout annonce un risque de dépression pour 2009.

À la City de Londres, par suite de quelques tragédies, les grandes banques décident, sans même en faire état, de ne plus licencier le vendredi : il y a plus de suicides le week-end qui suit immédiatement l'annonce de licenciements.

*

Le 18 novembre, la justice belge autorise la cession de la majeure partie de Fortis à BNP Paribas. Le 20 novembre, le CAC 40 termine pour la première fois depuis mai 2003 sous la barre des 3 000 points, tandis que Wall Street clôture au plus bas depuis plus de cinq ans. Le cours du baril de pétrole tombe sous les 50 dollars à New York. Le 21 novembre, Dominique Strauss-Kahn conseille de « ne pas s'enfermer dans des carcans ». Pour le directeur général du FMI, la limite de 3 % de déficit public imposée par le pacte européen de stabilité n'a pas besoin d'être respectée « à la décimale près ». L'Argentine nationalise ses caisses de retraites, menacées de faillite.

Le 24 novembre, la Grande-Bretagne dévoile un plan de relance de 20 milliards de livres, soit près de 1 % du PIB du Royaume-Uni. Le président élu des États-Unis, Barack

Obama, réclame l'adoption « tout de suite » d'un plan de relance économique pour en finir avec le « cercle vicieux » de la crise.

Le 26 novembre, la Commission européenne présente le total des plans de relance des Européens : 200 milliards d'euros. Le 28 novembre, l'on apprend que le taux de chômage dans la zone euro s'établit à 7,7 % en octobre.

Le gouvernement britannique, qui avait garanti l'augmentation de capital de la Royal Bank of Scotland, en devient l'actionnaire principal à hauteur de 57,9 %.

Le 1er décembre, José Manuel Barroso appelle à une baisse « très claire » des taux d'intérêt de la BCE. Le 4 décembre, le Crédit Suisse annonce une perte de 1,95 milliard d'euros et prévoit la suppression de 5300 emplois (11 % de son effectif). La Banque centrale européenne abaisse de 0,75 point son principal taux directeur, à 2,50 %, la plus forte réduction de son histoire, et s'attend à une récession en zone euro en 2009. La Banque d'Angleterre baisse d'un point son taux directeur, le ramenant à 2 %, soit au niveau des années 40.

Le 11 décembre, on annonce que le chômage aux Etats-Unis atteint son plus haut niveau depuis 1982, touchant 4,4 millions d'Américains. Le 12 décembre, le Sénat des États-Unis rejette le plan de soutien à l'automobile. Bernard Madoff, ancien président du NASDAQ, est arrêté pour une fraude présumée portant sur près de 50 milliards de dollars. General Motors reconnaît préparer un dépôt de bilan. Rien ne semble pouvoir interrompre le désastre.

Le 13 décembre, deux banques font faillite aux Etats-Unis. Le 15 décembre, plusieurs banques françaises annoncent qu'elles sont touchées par l'escroquerie Madoff. Le 17 décembre, la Fed réduit son principal taux d'intérêt à une fourchette comprise entre zéro et 0,25 %, le plus bas niveau jamais enregistré.

Le 20 décembre, George W. Bush, imperturbable, estime que les 17,4 milliards de dollars (12,4 milliards d'euros) du plan fédéral de secours à l'automobile devraient permettre aux constructeurs américains de sortir « renforcés » de la crise.

Le 30 décembre à Tokyo, l'indice Nikkei termine l'année 2008 sur la pire chute annuelle en pourcentage de son histoire, 4 % en un an. La Bourse de Shangaï termine 2008 sur une perte de 65 %. Le CAC 40 a perdu 42,68 % de sa valeur en 2008, et la Bourse de Londres, 31,33 %.

Le 2 janvier 2009, la Banque d'Angleterre abaisse son taux directeur à 1,5 %, le plus bas niveau dans l'histoire de l'institution, fondée en 1694. Barack Obama présente son plan de relance de 775 milliards de dollars.

Le 12 janvier, la coalition allemande adopte un plan de relance de 50 milliards d'euros, après l'avoir si longtemps repoussé. George W. Bush demande au Congrès, au nom de son successeur Barack Obama, le déblocage de la deuxième moitié du fonds Paulson de 700 milliards de dollars.

Les banques annoncent toutes des quatrièmes trimestres désastreux : le 16 janvier, Citigroup annonce 19 milliards de dollars de pertes et se scinde en deux ; le 20 janvier, la Royal Bank of Scotland annonce 28 milliards de livres de pertes pour l'année 2008, son cours perdant plus de 70 % depuis le début de l'année 2009. La Banque d'Angleterre autorise alors les entreprises à emprunter directement à ses guichets. Le 22 janvier, la livre sterling atteint son plus bas niveau face au dollar depuis près de 24 ans.

Il devient de plus en plus évident qu'il va falloir isoler les produits toxiques (mais comment ? combien ? où ? à quel prix ?). Et qu'il va falloir contrôler la spéculation, en particulier contre les valeurs des banques.

Le 23 janvier, le CAC 40 clôture à 2 781 points, encore plus bas que le 21 novembre 2008, soit à son niveau d'avril 2003. Les valeurs bancaires continuent d'inquiéter : entre le 19 et le 23 janvier, l'action BNP perd 28 % de sa valeur.

Pour la seule journée du 26 janvier, 70 000 personnes sont licenciées en Europe et aux États-Unis.

*

C'est le moment de faire un premier point. Sur un total de fonds propres des banques mondiales estimé à 4 T, les pertes s'élèvent pour l'instant à 2,2 T, selon le FMI, et à 3,6 T, selon Roubini, pour les seuls États-Unis, auxquels il faut rajouter 4,5 T de crédits douteux à la consommation aux seuls États-Unis ; Standard & Poor's estime à dix points de produit intérieur brut (1 T) ce qu'il pourrait en coûter, au total, aux contribuables. Roubini l'estime à au moins 3 T. À ce jour, seuls 0,8 T de pertes ont été financés. Le total des pertes sur les crédits est de l'ordre de 3,6 T, dont 1,8 aux États-Unis. Le total des prêts bancaires du monde (84 T) représente 18 fois le total des fonds propres de ces institutions financières, au lieu des 15 autorisées. Et même, pour certaines d'entre elles, parmi les plus respectées, ce ratio est de 50 ! Une injection de fonds propres de l'ordre de 1,3 T est nécessaire pour que le système bancaire américain ne tombe pas en faillite. Quant à la baisse des marchés des actions et à celle de l'immobilier, elles ont entraîné la destruction d'environ 60 T de richesse nominale. La croissance mondiale, pour 2009, s'annonce au mieux nulle, avec une dépression d'au moins 5 % aux États-Unis et 2 % en Europe.

Le président Obama, lors de sa prise de fonction, est confronté à des enjeux financiers gigantesques : un déficit budgétaire de 12 %, soit 1,3 T ; une dette totale des États-Unis de 54 T. Un système bancaire en faillite, une industrie au bord de l'effondrement.

D'où pourrait venir l'argent nécessaire au rétablissement de la confiance ? De la poche du contribuable américain, ce qui torpillerait ce qu'il reste d'espoir de retour à la croissance ? Du déficit, ce qui rendrait les bons du Trésor américain et le dollar bientôt infréquentables ?

Chapitre 4

Les menaces encore à venir

À la considérer du point de vue de l'ensemble des salariés, la situation économique n'est pas, pour l'heure, beaucoup plus difficile au début de 2009 qu'elle ne l'était un an plus tôt. Le chômage n'a pas encore beaucoup augmenté. La baisse de l'immobilier permet à davantage de gens d'espérer, s'ils obtiennent un crédit, acheter un logement. L'érosion de la croissance réduit massivement le prix du pétrole et incite à la concurrence entre producteurs et distributeurs. Du point de vue des détenteurs de titres, la baisse des Bourses ramène la valeur des portefeuilles d'actions à leur niveau d'il y a cinq ans, c'est-à-dire à une époque où leurs détenteurs n'étaient pas vraiment à plaindre. Par ailleurs, beaucoup croient que le plus dur est passé, que les énormes moyens mis en place, combinés aux formidables forces démographiques et technologiques du moment et aux baisses des prix des matières premières, permettront de colmater les brèches, de stabiliser les banques et de revenir au plus tôt à une croissance forte et au plein emploi.

Il n'en est rien : même si la crise financière actuelle était vite jugulée – ce qui ne sera sans doute pas le cas –, la crise économique, elle, ne fait que commencer. Et si aucun programme planétaire majeur n'est mis en œuvre rapidement, elle affectera profondément et durablement la plupart des entreprises, des consommateurs, des travailleurs, des épargnants, des emprunteurs, des nations. Elle dégénérera même peut-être, dans certains pays, en crise sociale et politique. Toute l'idéologie de nos sociétés insouciantes sera remise en cause ; on cherchera sans doute des boucs émissaires au lieu de chercher des causes et des solutions. La démocratie elle-même risque d'être menacée.

La vraie nature de ce qui vient est encore incertaine : sera-ce une crise à la 1929, où le monde passa très vite de la déflation abyssale des actifs financiers à une profonde dépression économique dont on ne sortit que par une guerre mondiale ? ou bien s'agira-t-il d'une longue et trouble période de transition vers l'inconnu, comme celle qui s'est étendue entre 1971 et 1982, période pendant laquelle les États-Unis étaient en plein désarroi, et qui s'est terminée pour eux en apothéose grâce à un progrès technique révolutionnaire, le microprocesseur, avec ses trois applications nomades : le téléphone mobile, l'ordinateur portable, l'Internet ?

Dans les deux hypothèses, il est vraisemblable qu'il faudra en passer par une accumulation de nouveaux désastres. Le scénario du pire est d'ailleurs facile à esquisser : les banques, inquiètes de leur propre avenir, hésiteront de plus en plus, malgré les garanties publiques, à prêter aux entreprises, dont beaucoup tomberont en faillite. D'autres institutions financières (des *hedge funds* aux émetteurs de cartes de crédit aujourd'hui fragilisés) s'effondreront, entraînant avec elles une chute de la valeur des patrimoines. Bien des pays auront du mal à financer ces pertes et à emprunter sur les marchés internationaux. Les pays disposant d'épargne, dont la Chine, y perdront une partie de leurs réserves et rapatrieront ce qu'il en restera pour soutenir leur propre croissance interne. Ils laisseront même progressivement tomber le dollar dont l'affaissement menacera les économies européennes. Une dépression entraînera une baisse massive des prix qu'une ample relance par les dépenses publiques ne suffira même plus à ralentir. Deux à cinq ans de dépression s'ensuivront, le temps de réduire à néant les dettes des principaux pays occidentaux, sans doute par l'inflation provoquée par les immenses injections monétaires.

Excessif ? Je l'espère ! Sauf à penser que ce scénario a déjà commencé.

Les nouveaux enjeux du système financier

Les banques américaines et européennes, objets de toutes les sollicitudes et, enfin, de tous les contrôles, sont loin d'être sorties d'affaire. À la fin de 2008, elles n'ont encore provisionné que le quart des pertes connues et le dixième des pertes probables. Beaucoup d'entre elles sont, on l'a vu, techniquement en faillite. Il subsiste bien des inconnues dans la façon dont elles se sont précipitées sur les mirages de produits dérivés devenus intraçables et sur les montants qu'il faudra considérer comme perdus. Par exemple, les défections en matière de crédits immobiliers dits *Alt-A*, c'est-à-dire un peu moins mauvais que les *subprimes*, s'accéléreront l'année prochaine, et ce, jusqu'en 2011. Or il y a encore plus de *Alt-A* (1 T) que de *subprimes* (0,9 T), répartis dans de très nombreuses banques américaines, de Fannie Mae à Wachovia, qui furent toutes empressées à profiter de ces produits miracles. Il en va de même pour les produits titrisés en général, dont plusieurs trillions sont désormais sans valeur. Or, comme le marché de la titrisation s'est asséché, les banques devront garder dans leur bilan l'essentiel de leurs éventuels nouveaux crédits, au moment même où les risques augmentent. De même et surtout, le marché des CDS, qui représente aujourd'hui une succession de transactions de plus de 60 T, pourrait s'effondrer si plus personne ne voulait porter ce risque. Or, 5 % de faillites sur les produits ainsi assurés par CDS créeraient des défauts de créances de plus de 3 T. Par conséquent, les banques resteront longtemps fragilisées et protégeront en priorité leurs fonds propres au détriment de leurs prêts.

En effet, selon la réglementation imposée par les accords entre banques centrales dits « de Bâle II », le *tier one* (l'argent dont elles disposent et les titres des entreprises dont elles ont au moins 20 %) doit représenter au moins (en réalité, c'est plus complexe) 7 % du montant des crédits des banques ; c'est-à-dire que celles-ci doivent prêter moins de 15 fois ce qu'elles ont en caisse. Si ce ratio est dépassé (et il l'est largement), les banques devront se procurer de nouveaux fonds propres ou réduire leurs prêts, ce qui approfondira la récession.

De plus, les banques centrales, ne souhaitant pas être accusées d'avoir été trop laxistes, voudront sans doute, un jour, porter ce ratio de 7 à 9 %, c'est-à-dire que les banques ne pourront prêter plus que 12 fois leurs ressources. Pour satisfaire les futures exigences des régulateurs, il faudrait donc augmenter les fonds propres des banques du monde d'au moins 3 T.

Seuls les gouvernements seraient assez fous pour investir aujourd'hui de tels montants dans des banques. Ils auront donc le choix entre une nationalisation au moins partielle, et une réduction massive des crédits. Nationalisation ou dépression : tel est le choix. Il est fait d'avance, par tout gouvernement de gauche comme de droite. Les nationalisations ont d'ailleurs déjà commencé en Grande-Bretagne et en Irlande. Encore leur faudra-t-il trouver des sommes aussi considérables.

Le nombre d'établissements se réduira sensiblement et l'on en viendra à ne plus compter que quelques oligopoles dans les principaux pays. Les banques d'affaires, qui ne pourront plus faire de profits mirifiques sur des produits titrisés imaginaires, ne pourront rester indépendantes et fusionneront avec des banques de dépôt. La rentabilité des banques baissera massivement : les dépôts, les moins chères des ressources bancaires, seront de plus en plus convoités, donc de plus en plus onéreux. Même les institutions financières internationales (comme la BEI, la Banque européenne d'investissement), auront du mal à emprunter au-dessous du Libor.

Tous les acteurs non bancaires de la finance seront eux aussi menacés de disparaître : les assureurs, les *hedge funds*, les fonds monétaires, les firmes de *private equity* aux profits insensés, les émetteurs de cartes de crédit, les *monolines*, véritables boîtes magiques sans justification, les courtiers, les prêteurs hypothécaires. Tous souffriront de l'aggravation de leurs conditions de refinancement, en raison de l'abaissement de leur notation par des notateurs obligés d'être plus sévères pour justifier leur propre existence. Tous tenteront de se faufiler par le guichet ouvert aux banques grâce aux plans Paulson et Obama et aux plans européens. Des émetteurs de cartes de crédit, comme GE Capital, demanderont à devenir des banques de façon à bénéficier du soutien des États. Ce sera aussi le cas des filiales de crédit des producteurs d'automobiles et des grandes surfaces. Des ménages seront mis en faillite ; aux États-Unis en particulier, des étudiants se verront incapables de financer leurs emprunts.

En particulier, les *hedge funds* sont en très grand danger : utilisant un argent cruellement nécessaire ailleurs, ayant souvent parié à contresens sur l'évolution des monnaies, des taux et des matières premières, ils seront de plus en plus obligés de liquider leurs positions et de brader leurs actifs (de l'ordre de 10 T), étant désormais incapables d'emprunter (car les banques, devenues de plus en plus prudentes, leur en veulent d'avoir joué leurs titres à la baisse en septembre et octobre 2008) ou de placer leurs instruments de titrisation. Ceux de leurs souscripteurs qui ont encore des sommes à verser dénonceront leurs contrats. Au moins la moitié d'entre ces fonds disparaîtront, ce qui aurait sur le système financier des conséquences encore plus désastreuses que la faillite de Lehman et que le renflouement de RBS. Il est donc vraisemblable qu'il faudra mettre sur pied un programme massif d'élimination des dettes de ces fonds spéculatifs : soit par le secteur privé, ce qui est financièrement quasi impossible (personne ne souhaite les aider), soit par les banques centrales et les budgets nationaux (ce qui se révélera politiquement très difficile).

Enfin, ultime menace financière : le blocage absolu du système de crédit par les épargnants eux-mêmes s'ils interdisaient aux banques le placement de leurs ressources. La Fed, par exemple, qui dispose de 0,8 T à son bilan pour opérer sur un marché de crédit de plus de 50 T, peut toujours créer de l'argent ; mais cela ne lui servirait de rien si chacun des détenteurs de comptes bancaires décidait de ne garder que du cash sur son compte et ne laissait pas le système bancaire se servir de son propre argent.

La récession

Par prudence, les ménages réduiront davantage encore leur consommation et garderont liquide leur épargne. On assistera alors à une chute de l'achat de logements, d'automobiles, et à une réduction des remboursements des prêts aux logements.

Bien qu'elles bénéficient, comme les ménages, de la baisse considérable des prix des matières premières, les entreprises seront confrontées à une chute massive de leur chiffre d'affaires, à un climat social dégradé, à un désengagement des assureurs-crédits, à un besoin de fonds de roulement en forte croissance et à des besoins de recapitalisation.

Les banques n'oseront pas prêter avec autant d'audace qu'auparavant, y compris à des entreprises rentables, en raison, on l'a vu, des problèmes qu'elles peuvent cacher. De plus, les règles fixées par les accords dits de Bâle-II les forceront à augmenter leurs provisions en capital, et des normes IFRS les forceront à dévaloriser leurs actifs, ce qui réduira d'autant leurs capacités de prêter.

Au total, le ralentissement économique, amorcé bien avant la crise financière avec la hausse du prix des matières premières, va s'aggraver au moins en 2009 et en 2010. Les secteurs les plus exposés seront l'assurance, la banque, la construction, l'industrie automobile, les compagnies aériennes, les grands magasins de luxe. Il n'est même pas exclu que des services publics tombent en faillite. En conséquence, le chômage croîtra partout dans le monde, d'autant plus que la productivité continuera d'augmenter à un rythme supérieur à 2 % par an. Aux États-Unis, le chômage pourraient atteindre 10 % de la population active dès juin 2009. En France, si aucune mesure massive n'est prise, il pourrait remonter aux pics les plus élevés de son histoire. La Chine elle-même pourrait être très sévèrement secouée sur le plan économique et politique si sa croissance descend, comme c'est probable en 2009, au-dessous de 6 % par an. Enfin, les détenteurs de la rente pétrolière seront gravement touchés si la baisse des cours du brut persiste.

Chacun prendra alors des décisions conformes au seul intérêt national : nationalisant des firmes, en subventionnant d'autres, entraînant par-là un processus de retour du centre d'intérêt sur le territoire par un chemin différent de celui de 1929, mais conduisant aux mêmes effets protectionnistes désastreux. On pourrait même, au pire, voir remis en cause les accords acquis dans le cadre de l'OMC (interrompant durablement tout progrès dans la libéralisation des échanges).

On ne peut pas même exclure que la récession se transforme alors en dépression. C'est-à-dire qu'au lieu d'avoir une croissance mondiale de 0 % en 2009, on plonge jusqu'à, -5 %, -10 %, voire, dans certains secteurs, -30 %. Cela paraît à certains impensable aujourd'hui. Pourtant, c'est ce qui est déjà advenu au Japon au début des années quatre-vingt-dix. C'est ce qui se passe déjà dans certains pays comme l'Espagne ou les États-Unis en un certain nombre de secteurs : le logement privé à bas coût, l'automobile, l'acier. Rien n'interdit de craindre que cela puisse se généraliser en 2009 ou 2010.

Une telle tendance sera d'ailleurs encouragée par les réactions suscitées par la conscience des menaces : chacun se posera la question de savoir ce qui se passerait si l'entreprise où il travaille avait un chiffre d'affaires amputé de 20 % ; les ménages se prépareront alors à une baisse de 20 % de leurs revenus et constitueront une épargne de précaution. Les dirigeants, à tous les échelons, couperont – coupent déjà – dans les coûts pour s'y préparer. Les ménages, pour leur part, consommeront nettement moins. De même les banques, s'attendant à une telle évolution, réduiront d'au moins 20 % leurs crédits à la consommation, au logement et aux fonds de roulement des entreprises.

Avec deux conséquences : moins les gens consomment, moins les entreprises font du chiffre d'affaires ; moins les entreprises investissent, moins les gens ont de travail.

Autrement dit, l'excès de prudence fera passer de la récession à la dépression.

L'inflation

Dans un premier temps, la dépression pousse à la baisse des prix de tous les actifs et à une concurrence sévère de tous les producteurs et distributeurs. Les entreprises braderont voitures, vêtements, objets ménagers, logements. Les soldes dureront toute l'année. Cela aura *a priori* un effet positif sur le pouvoir d'achat.

Mais, à terme, les énormes masses financières et monétaires injectées dans l'économie, transférant la dette des ménages sur des prêts émis par des États impécunieux, ne peuvent que conduire à une augmentation massive de la masse monétaire mondiale très supérieure aux contreparties possibles dans la production. On peut donc s'attendre à terme, malgré tous les efforts des banques centrales, à une inflation massive. Celle-ci se déclenchera brutalement, au moment où on s'y attendra le moins, par exemple au moment d'une hausse brutale des prix du pétrole, entraînant les monnaies dans une spirale à la baisse.

Cette inflation pourrait être souhaitée pour éliminer les dettes accumulées par les ménages et les États, que nul ne saurait apurer autrement. Les vainqueurs seront alors ceux qui auront su s'endetter à taux fixe. Les perdants seront ceux qui ne se seront pas endettés ou qui se seront endettés à taux variables.

Cette inflation signifiera aussi la victoire, à l'échelle mondiale, des plus jeunes, majoritaires sur la planète, sur les plus vieux, majoritaires dans les pays développés. Cela serait encore le résultat d'une décision majoritaire, mais portant sur un autre corps électoral, planétaire cette fois-ci. En cela, le retour de l'inflation serait la première véritable décision démocratique globale.

La faillite des grands pays et l'avenir du couple « Chimérique »

Une dépression américaine entraînerait un effondrement de l'économie mondiale dont les États-Unis sont encore le principal moteur grâce à l'argent que leur prête le reste du monde. Or, aucun moteur de substitution n'existe : nous ne sommes pas en 1880, au moment où le dollar est venu remplacer la livre ; aucune monnaie, pas même l'euro, ne saurait prendre le relais, faute d'existence économique, politique et militaire autonome de l'Union européenne.

D'une certaine façon, la crise financière actuelle peut aussi se lire comme une étape majeure dans l'accélération de la perte de confiance du monde dans les États-Unis et dans l'obligation progressive, imposée aux États-Unis et aux Américains, de rembourser leurs dettes, sous peine d'avoir à se déclarer en faillite.

Ce n'est pas là une question théorique. Déjà, d'autres pays se sont trouvés dans cette situation, comme la Grande-Bretagne à la fin du XIXe siècle, et plus récemment l'Argentine. D'autres s'y trouvent aujourd'hui, endettés dans des conditions insupportables. C'est déjà le cas de l'Islande, de la Hongrie et de l'Ukraine. Des villes ou des régions ayant placé imprudemment leur trésorerie, ou ayant emprunté dans des produits devenus « toxiques », seront – sont déjà – touchés.

Demain, ce sera le cas d'autres pays d'Asie ou d'Amérique latine – Mexique, Chili, Corée, Russie, Malaisie, Kazakhstan – qui ont dû ou devront emprunter au FMI ou à des fonds souverains des sommes de plus en plus élevées à des taux de plus en plus usuraires. C'est déjà le cas en particulier du Japon dont la dette publique dépasse 180 % du PIB et qui pourrait être étranglé par une hausse imprévue des taux d'intérêt.

Les pays européens, pas du tout endettés collectivement, même s'ils le sont individuellement, n'encourent pas une pareille menace, grâce à l'euro dont la part dans les réserves mondiales de change augmentera au détriment du dollar. Certains d'entre eux, très endettés comme l'Italie (qui, on l'a vu, emprunte désormais à un taux d'intérêt supérieur de 1 % à celui de l'Allemagne pour lever de l'argent), sont malgré tout protégés par l'existence de la devise européenne ; ils auraient tout à craindre si les pays excédentaires de l'Eurogroup décidaient de ne plus être solidaires des membres endettés, ou s'ils employaient des moyens inflationnistes de financement de leur économie.

Les États-Unis resteront, certes, pour très longtemps encore, la première économie du monde, la première armée et le plus grand rassemblement de chercheurs. Les investisseurs du monde entier continueront, pour quelque temps encore, de se ruer sur les obligations émises par le Trésor américain, qui bénéficient toujours de la notation AAA. Mais la dette publique américaine (qui dépasse 10 T) se trouve très alourdie par le plan Paulson, le plan Obama, le soutien sans cesse renouvelé à Fannie Mae, Freddie Mac, AIG et nombre d'autres à venir. L'endettement général du pays dépasse déjà le PIB mondial : 54 T. Les épargnes chinoise, arabe et japonaise hésiteront de plus en plus à acheter les bons du Trésor américain ; d'ailleurs, les CDS associés à ces bons disent, par la valeur que leur attribue le marché, que la perception de la probabilité de défaut de remboursement des États-Unis, quoique très faible, a été multipliée par trente en neuf mois : le coût pour assurer par un CDS un million de dollars en bons du Trésor américain est passé de 1 000 à 30 000 dollars.

Une crise des changes, qui dévaloriserait massivement le dollar, serait alors une conséquence vraisemblable de cette perte de confiance dans les ressources de l'Amérique.

Crise des changes

En 2008, à la différence de ce qui s'est naguère produit dans presque toutes les crises financières, les marchés des changes des principales monnaies ont évolué de façon ordonnée. Si le dollar a monté face à l'euro et baissé face au yen japonais, il a très peu bougé face au yuan chinois, lui-même non convertible. On aurait pu s'attendre à un effondrement du dollar faisant suite à l'explosion des dettes, en particulier de la dette extérieure, obligeant la Banque centrale américaine à augmenter ses taux d'intérêt pour soutenir son cours, alors qu'elle est au contraire dans l'obligation de les baisser pour soutenir la croissance. Une telle baisse du dollar ne semble pas imminente : la Chine a encore besoin d'acheter des dollars pour lui maintenir un cours élevé et préserver sa propre capacité exportatrice.

Cela pourrait ne pas durer. Avec la croissance de l'endettement américain et la raréfaction de l'épargne mondiale, le dollar sera de plus en plus mal accepté comme unique monnaie de référence ; les épargnants hésiteront de plus en plus à placer leur argent dans cette devise. On se trouve aujourd'hui dans l'étrange situation où les épargnants sont obligés d'acheter du dollar, faute de mieux, tout en sachant qu'il est très menacé. Les producteurs de pétrole et les autres grands acteurs du commerce mondial libelleront de plus en plus leurs contrats en d'autres monnaies, dont l'euro. Quand la Chine aura vraiment décidé de se concentrer sur son marché intérieur et de réorienter son industrie dans cette direction, elle n'aura plus de raison de défendre la parité du dollar. Alors le dollar baissera massivement ; à moins que la Banque centrale américaine ne décide de se lancer dans une guerre des taux d'intérêt pour éviter une chute excessive. C'est peu vraisemblable, en raison de l'impact qu'une telle attitude aurait sur la croissance : le dollar ne tient plus que par le bon plaisir de Pékin. La « Chimérique » ne subsistera qu'aussi longtemps que Pékin en aura besoin.

Au total, les Japonais et les fonds souverains arabes et chinois (qui rassemblent aujourd'hui 2,5 T de capitaux, ayant perdu 0,5 T dans la crise et devraient représenter 10 T en 2010) auront alors les moyens d'acheter à bas prix, en dollars dévalués, les principaux actifs américains.

Même si la principale menace porte sur le dollar, on ne peut exclure une attaque visant l'euro. Certes, celui-ci protège les membres de l'Eurogroup de la crise financière et devrait, dans un premier temps, renforcer l'intégration de ces pays et inciter de nouveaux pays à le rejoindre : l'Islande est désormais candidate à l'Union et la Norvège pourrait le devenir. Le Danemark, dont la monnaie a été très attaquée le 8 octobre, et qui l'a payé très cher, parle désormais d'un nouveau référendum sur l'euro. De même la Suède, la Pologne, la Tchéquie, la Norvège elle-même.

Mais l'existence même de l'euro pourrait être remise en cause par le refus des pays les moins endettés de soutenir les plus laxistes ; et par l'autorisation donnée récemment, avec grande discrétion, à quelques banques centrales de l'Union, de recevoir en dépôt les titres qu'elles choisiront de manière autonome – ce qui pourrait pratiquement conduire à donner à chaque pays membre de l'Eurogroup le droit de créer librement ses propres euros !

Tout cela amènera immanquablement à repenser de tout autre manière la création monétaire, et à poser la question de la nécessité de la monnaie unique mondiale.

La crise sociale, idéologique et politique

L'idéologie, qui sert à asseoir le pouvoir d'un groupe, ne persiste que si elle a la capacité d'expliquer aux gens le sens de leur vie, de leur donner une raison de travailler, même à ceux qui en souffrent. Aujourd'hui, l'idéologie libérale aurait le plus grand mal à faire croire que le capitalisme mondial ne sert pas qu'une petite minorité ; à faire admettre qu'il est juste de verser fin 2008, comme les années précédentes, 10 milliards de bonus aux banquiers, et à soutenir que la démocratie, qui est supposée l'équilibrer, prend réellement en compte les intérêts des plus pauvres et des prochaines générations ! Démocratie et marché vont dès lors devenir des valeurs menacées. L'idéologie des démocraties de marché est en péril.

La situation actuelle ressemble, toutes proportions gardées, à celle de la chute de l'Empire romain dont on sait qu'elle dura plus de trois siècles, ouvrant sur un désordre millénaire. Un changement d'idéologie pourrait en particulier entraîner l'avènement aux États-Unis d'un pouvoir protectionniste, militariste, quasi totalitaire, sans doute aussi très largement théocratique. La théocratie sera alors la forme grimaçante et caricaturale de la future organisation des démocraties, soucieuse du long terme, tout comme le fascisme et le nazisme furent des caricatures démoniaques de ce qui allait ensuite devenir la social-démocratie.

Il ne faut pas exclure, en effet, que cette crise déclenche un mouvement de révolte et de violence politiques sans précédent, assorti d'un retour aux haines de classe. Après tout, ne constitue-t-elle pas une formidable démonstration de la validité de l'analyse de Marx, celle d'un capitalisme flamboyant, planétaire et suicidaire ?

Cette crise est aussi l'occasion de comprendre comment un petit groupe de gens, sans produire de richesses, accapare en toute légalité, sans être contrôlé par personne, une part essentielle de la valeur produite. Puis comment ce même groupe, ayant raflé ce qu'il avait pu prendre, fait payer ses formidables profits, primes et bonus, par les travailleurs, les contribuables, les salariés, les consommateurs, les entrepreneurs et les épargnants du monde, forçant les États à trouver en quelques semaines, pour combler les vides laissés dans leurs caisses, des sommes mille fois supérieures à celles que les mêmes gouvernants refusent chaque jour obstinément aux plus défavorisés des pays développés et aux affamés du reste du monde.

Certes, cette confiscation s'opère sur un mode légal, « honnête », non violent. C'est d'ailleurs ce qui constituera, aux yeux de certains, le principal motif de révolte : si tout cela est légal, alors le système qui permet une telle aberration n'a plus de raison d'être !

Chapitre 5

Le socle théorique des crises et des réponses : les contradictions entre les exigences de la démocratie et des marchés

L'historique qui précède pourrait donner le sentiment que l'ensemble de ces événements s'explique comme une sorte d'engrenage, quasi shakespearien, par lequel l'avidité des uns et la panique des autres s'entrechoqueraient, faisant s'effondrer le château de cartes de nos illusions au seul bénéfice de quelques puissants.

Pour ma part, j'entends lui trouver une explication plus profonde, systémique. Cela conduira à expliquer que la réponse à la crise ne consiste pas à dénoncer quelques coupables, banquiers, régulateurs ou gouvernements, mais exige d'opérer une véritable révolution du cadre théorique : tant que l'analyse et l'action contre la crise resteront fondées, pour la droite, sur le simple regret d'avoir à transgresser les principes du libéralisme, et, pour la gauche, sur le seul retour nostalgique à l'État-providence, rien de sérieux ne pourra être entrepris pour la dépasser.

On ne peut en effet réduire la crise à l'absence de régulation des marchés ou aux turpitudes de quelques spéculateurs. Elle ne peut pas non plus s'expliquer par la seule opposition entre deux classes sociales ; même si l'opposition globale entre salariés et détenteurs du capital est plus violente que jamais, la complexité des marchés, des modes de contrôle et des modes de rémunération fait s'interpénétrer les catégories. La crise ne peut pas non plus s'expliquer par le seul engrenage irrationnel de la peur, ni par l'inégalité dans l'accès à l'information, ni par la légèreté des régulateurs, ni par la mondialisation elle-même, ni par le « consensus de

Washington », ni par l'absence d'un État régulateur.

L'enchaînement des événements ayant conduit à la crise actuelle commence par l'aggravation aux États-Unis et dans tous les pays développés des inégalités sociales qui limitent la demande. Il continue par la décision implicite de la société américaine de faire de son système financier un substitut à une juste distribution des revenus. Il se poursuit par la capacité de ce système financier d'inventer sans contrôle des nouveaux produits qui lui permettent de s'enrichir indéfiniment et de s'endetter afin de cacher ses problèmes, ou de les reporter, ou de les exporter, en particulier via Londres, annexe de Wall Street et d'autres places financières *off shore*. Mais cet enchaînement ne suffit pas à tout expliquer ; ou plutôt il s'explique lui-même par une cause beaucoup plus profonde.

D'abord, toute crise est le résultat d'une insuffisance de l'information. Car il y aura toujours asymétrie d'information entre le présent et le futur. Et c'est cette asymétrie qui est cause des crises. Et, à moins de souhaiter un monde répétitif (en lui-même comme en son environnement), c'est-à-dire un monde où l'information sur l'avenir serait, par nature, parfaite, nous ne pouvons que nous résigner à gérer les crises, tout en nous attachant à en partager équitablement le poids. Et, pour cela, penser, prévoir, agir.

Ensuite, cette crise d'un genre particulier pose, par son origine, la question de l'utilité d'un système bancaire. Les institutions et les marchés financiers sont des instruments essentiels aux progrès des civilisations. Ils permettent de transférer, en principe sans vol ni spoliation, et contre rémunération en intérêt ou en dividende, l'épargne de ceux qui sont capables d'en constituer une vers ceux qui peuvent au mieux l'utiliser. Pour y parvenir, les banques et les marchés doivent être particulièrement bien informés des occasions d'investir et en faire profiter les épargnants contre une rémunération qui peut être celle d'un capital investi ou d'un service, selon que le système bancaire est privé ou public.

Deux perversions contraires peuvent se manifester dans ce système : d'abord, les institutions financières peuvent donner le jour et participer à un engouement factice sur des investissements très rentables mais très risqués, en poussant à l'endettement pour les acquérir, en particulier au bénéfice des fonds de pensions ; à l'inverse, elles peuvent retenir pour elles les informations qu'elles obtiennent sur les meilleurs placements. Dans les deux cas, la finance se détourne de sa fonction, qui est de financer les autres, pour devenir un moyen de gagner de l'argent pour elle-même, bien au-delà de la rentabilité globale de l'économie, grâce aux informations qu'elle est à même d'obtenir. D'où l'importance du contrôle par une Banque centrale, qui ne peut être ni délégué, ni minimisé, et qui doit être géré sans céder à la pression de la puissance politique considérable dont dispose la finance.

Là commence la crise financière : quand les régulateurs laissent la bride sur le cou aux financiers, dans le premier cas (celui d'un engouement factice), une crise financière peut se déclencher quand la valeur des actifs atteint des niveaux que rien ne peut justifier et que l'endettement des divers acteurs, pour les acquérir, devient ingérable ; dans le second cas (l'accaparement par le système financier d'une part excessive des profits dégagés par les aventures industrielles), une crise économique et politique peut se déclencher et mettre à mal la société dans son ensemble. En général, ces deux types de crises financières se déclenchent l'une après l'autre. Dans l'un et l'autre cas, la finance énonce qu'il est possible de gagner de l'argent, beaucoup d'argent sans produire de biens réels.

Comme la finance s'est beaucoup développée de siècle en siècle, les crises financières ont pris de plus en plus les devants comme mécanisme annonciateur de crises économiques et politiques. Ce ne sont plus seulement des crises provoquées par des pénuries, comme avant, mais aussi des crises de surproduction, ou plutôt d'insuffisance de la demande au regard de la capacité de produire, c'est-à-dire une manifestation de l'incapacité du système à assurer un financement équilibré de l'économie.

Tout cela n'explique pas tout : ni pourquoi certaines crises financières sont surmontées ; ni pourquoi d'autres dégénèrent en crises économiques ; ni pourquoi nous sommes aujourd'hui – et seulement aujourd'hui – dans une crise financière véritablement planétaire.

Pour résoudre ces énigmes, il faut, à mon sens, en revenir au moteur principal de nos sociétés, qui est de respecter une valeur : la liberté individuelle. C'est la promotion de cette valeur qui entraîne l'émergence de nos systèmes économiques et financiers, et provoque leurs contradictions.

Marchés, démocratie et « initiés »

Siècle après siècle, l'Europe du Nord, puis toute l'Europe, puis le monde entier choisissent de préférer la liberté individuelle à toutes les autres valeurs (justice, solidarité, immortalité). Ils mettent en place à cette fin deux mécanismes qui permettent en principe d'organiser cette liberté dans le contexte de rareté qui définit la condition humaine : le marché et la démocratie. Ou plutôt *les marchés* (du travail, des biens, des technologies, des capitaux) et *les niveaux démocratiques* (nation, région, commune…). Le marché permet d'allouer librement des ressources rares pour produire et acquérir des biens privés. La démocratie permet d'allouer librement des ressources rares pour produire et distribuer des biens publics.

Historiquement, c'est toujours un État fort, non démocratique, qui crée les marchés, lesquels donnent à leur tour naissance à une bourgeoisie. Celle-ci, maîtresse des marchés des capitaux (donc, dans la société capitaliste, de tous les autres marchés), prend alors le pouvoir par la généralisation progressive de la démocratie.

Alors marchés et démocratie se renforcent réciproquement. La démocratie a besoin du marché parce qu'il ne peut y avoir de liberté politique sans liberté économique. Et le marché, qui n'est ni infaillible, ni juste, ni même efficace, a besoin de la démocratie, ou à tout le moins d'un État pour protéger les droits de propriété, la liberté intellectuelle et entrepreneuriale, et pour établir un plein usage des moyens de production.

Mais alors que la démocratie est en principe régie par une majorité changeante qui investit et contrôle l'appareil d'État, les marchés, eux, sont dominés par ceux qui contrôlent les moyens de production, en particulier par ceux qui peuvent allouer les capitaux en fonction des informations dont ils disposent, les aiguilleurs de l'épargne, que je nomme ici les « initiés » : banquiers, analystes, investisseurs privés.

Le mot « initiés » n'implique ici aucun jugement de valeur. La fonction qu'ils remplissent est utile. Ils aident à la meilleure allocation de l'épargne, qui ne peut se contenter d'être allouée exclusivement selon un taux d'intérêt, mais doit l'être en fonction d'une connaissance approfondie des perspectives des marchés. Le mot « initiés » renvoie ici au fait que l'information est devenue une des ressources les plus précieuses.

Si la démocratie était parfaite, si elle pouvait imposer l'équité, chacun serait en particulier également informé. Il n'y aurait donc pas d'« initié », ou plutôt chacun le serait, ce qui revient au même. C'est l'absence d'équité qui fait naître les « initiés », bénéficiaires particuliers, non équitables, d'un bien particulier : l'information économique et financière sur la rentabilité des projets.

Si tout le monde était « initié », la société pourrait s'organiser comme une juxtaposition de contrats privés. En l'absence d'une information égale et parfaite de chaque agent sur le marché, l'État doit imposer un contrat social fixant des principes d'équité et de sécurité valables pour tous, évitant l'aggravation des inégalités entre les « initiés » et les autres, et installer des instruments de contrôle de leur action. La politique économique, monétaire et budgétaire peut dès lors réguler les cycles économiques, soutenir la demande, la production et l'emploi, et mettre en place une réglementation, d'abord sur la monnaie, puis sur les marchés eux-mêmes, pour écarter les conséquences des déséquilibres cumulatifs liés à l'accaparement par les « initiés » des profits liés à leur connaissance privilégiée des risques et des potentialités.

Les « initiés », qui organisent les nouveaux instruments financiers, sont particulièrement bien placés pour en tirer la meilleure part, même le jour où ces instruments se révèlent générateurs d'échecs. Ils ne sont ni salariés, ni investisseurs. Ils sont en général arrangeurs d'opérations, aiguilleurs d'épargne. Ces « initiés » peuvent ainsi s'octroyer au passage l'essentiel des richesses nouvelles créées par des innovations technologiques ou financières, au détriment même parfois de ceux qui contrôlent les entreprises.

Les « initiés » sont ainsi plus importants, dans la société moderne, que les détenteurs du capital. Ils détiennent une rente provisoire (une information) dont ils tirent profit et qu'ils savent faire prospérer. Ils sont évidemment implantés aujourd'hui pour l'essentiel aux États-Unis, mais, par définition, sont citoyens d'un monde, celui de la finance.

Tout le reste en découle.

Déloyauté et primauté du financier

Ce couple formé par le marché et la démocratie n'est pas, par nature, harmonieux. D'abord, fondé sur la mise en œuvre de la liberté individuelle, faisant confiance au marché pour l'efficacité et à la démocratie pour la justice, il déclasse toutes les autres valeurs, en particulier la solidarité. Il pousse à l'apologie, dans tous les domaines, de la liberté individuelle, c'est-à-dire du droit de changer d'avis. Tout devient réversible, précaire, même les contrats, qu'ils soient de travail ou d'alliance. Y compris, donc, le contrat social. Nul n'a plus de raison de respecter un engagement qui briderait sa liberté. Nul n'a plus de raison d'être loyal envers qui que soit d'autre que lui-même. Nul, en particulier, n'a de raison d'être loyal à l'égard des générations suivantes : nos arrière-petits-enfants n'ont pas le droit de vote ! L'apologie de la liberté individuelle fait ainsi de la déloyauté et de l'avidité des valeurs acceptables, elle détruit la stabilité des emplois, celle du droit, et contrecarre l'altruisme. Ceux qui ont l'information, les « initiés », ne la partagent pas ; ou du moins l'utilisent à leur profit exclusif avant de condescendre à la partager.

De plus, chacun, sentant que le système ne survit que dans l'apologie de sa propre précarité, en déduit une logique de l'urgence, de l'impatience. Pressentant un risque croissant, chacun cherche à tirer le maximum, le plus vite possible. En particulier ce sentiment général de précarité incite les « initiés » à ne plus être loyaux à l'égard des entreprises qu'ils financent et des ménages ou des institutions dont ils gèrent les ressources ; tout les pousse à garder pour eux seuls, s'ils le peuvent, toutes les occasions de profit qu'ils identifient.

Disparition de l'état de droit

Une contradiction majeure existe entre les deux mécanismes supposés servir la liberté. D'abord, la démocratie n'est applicable que sur un territoire, à l'intérieur de frontières données ; alors que, par nature, les marchés sont sans frontières, que ce soit pour les biens, les capitaux, les technologies ou le travail. Or, aujourd'hui, alors qu'il n'existe aucune démocratie planétaire, pas même d'état de droit planétaire dans pratiquement aucun domaine (hormis pour certains sports ou certaines professions auto-organisées comme les comptables, ou pour la sécurité aérienne), il existe en revanche des marchés planétaires ; c'est en particulier le cas des marchés des capitaux, plus que tous les autres capables d'évoluer vite et de se développer hors de tout cadre national, de se glisser dans les interstices des réglementations, de s'installer ici et partout, notamment dans le cadre virtuel d'Internet.

C'est aussi le cas de la plupart des

marchés de biens et services, et même du marché du travail où, malgré les réticences des maîtres des autres marchés, les salaires s'harmonisent et les travailleurs se déplacent. On peut même dire que presque tous les marchés sont aujourd'hui planétaires, y compris ceux qui, il y a peu, paraissaient les plus enracinés dans des traditions nationales (cuisine, mode, soins de beauté, jeux et distractions, etc.).

Les marchés, étant globaux sans que l'état de droit le soit, prennent peu à peu le pas sur l'état de droit de chaque nation et sur la démocratie supposée le fonder. La capacité d'organiser la régulation des marchés financiers disparaît dans la concurrence que se livrent les places financières pour établir la législation la plus favorable à leurs « initiés ».

On se trouve alors dans une situation inédite : alors que dans toute nation, c'est un État fort qui crée le marché, lequel, en retour, crée la démocratie, à l'échelle de la planète le marché se crée lui-même sans qu'un État vienne ni le créer ni le réguler. On se trouve ainsi, à l'échelle planétaire, dans une situation où il n'existe aucune institution capable de créer l'état de droit. Il n'y pas de Palais d'hiver à prendre ! Pas de Bastille à démolir ! On se trouve dans la situation théorique du marché pur et parfait dont on sait qu'il est, par nature, incapable d'être efficace, et ne crée que des situations sous-optimales, c'est-à-dire n'utilisant pas toutes les capacités productives et ne répartissent pas équitablement les ressources. C'est le cas aujourd'hui.

Comme on ne sait comment créer l'état de droit dont il aurait besoin, les plages de non-droit s'y multiplient. L'économie « a-légale », illégale et criminelle se développe. Chacun est poussé à abandonner au contrat privé ce qui devrait relever du contrat social. Les services publics sont et seront de plus en plus assurés par des entités privées, y compris pour ce qui relève de la sécurité et de l'équité. Cela entraîne une aggravation des inégalités dans l'accès aux patrimoines, aux revenus, aux informations, et le triomphe du capitalisme financier.

Le triomphe du capitalisme financier

On peut dès lors expliquer comment s'est formée la situation qui aboutit à la crise actuelle.

L'information est de moins en moins également répartie ; ceux qui en disposent inventent et inventeront sans cesse de nouveaux instruments financiers pour y accéder et en faire le meilleur usage. Cette inégalité dans l'accès à l'information entraîne d'abord un excès de l'offre, compensé par un endettement des non-initiés, gagé sur la valeur de leurs patrimoines. Cela conduit à une croissance de la consommation qui engendre une croissance de l'économie et entretient la croissance de la valeur des patrimoines, laquelle à son tour autorise un plus grand endettement, au-delà de ce qui est finançable par la création de richesses réelles.

Les « initiés » en sont les principaux bénéficiaires, organisant les instruments financiers qui leur permettent de séduire à la fois les plus pauvres des emprunteurs et les plus riches des prêteurs. Les uns ne savent pas qu'à terme, ils auront à payer des taux d'intérêt très élevés. Les autres ne savent pas que leur épargne est placée dans des produits à hauts risques. Les « initiés », eux, ne pensent qu'à leur bonus annuel. Les plus lucides savent que cela ne saurait durer, qu'à un moment donné, encore inconnu, soit les épargnants seront victimes, soit les prêteurs le seront ; et plus vraisemblablement les deux. Les « initiés » font alors tout pour que les mécanismes de placement et d'emprunt soient le plus complexes possible et que leurs intérêts à eux soient protégés au mieux. Par ailleurs, réalisant que cela ne peut durer, ils s'octroient une part de plus en plus élevée du revenu national au détriment des revenus du travail, part augmentant d'autant plus vite que le risque est grand et que la crise est proche. Autrement dit, selon cette théorie, la rémunération des « initiés » augmente avec la proximité de la crise, et non l'inverse. C'est très exactement ce qui s'est passé.

Le déclenchement d'une crise financière

Quand, pour une raison en général anecdotique, d'autres que les « initiés » prennent conscience du caractère intenable des dettes et des actifs, les « initiés » comprennent que leurs produits financiers perdent de leur valeur. Ils cherchent alors à sortir d'un système qui ne tient que par eux, provoquant un effet de bousculade, puis une panique. Chacun fuit la dette et cherche du cash. Le système financier se bloque. Les banques stockent la monnaie et créent des pénuries, tout comme le stockage des biens de consommation créait jadis des pénuries dans le système soviétique. Ce stockage asphyxie l'économie qui bascule en récession et même en dépression.

En général, même pendant une période aussi difficile, les « initiés » réussissent à conserver la maîtrise de la situation, à obtenir des États qu'ils financent leurs pertes et sauvent un système dont ils ont tiré tout ce qui pouvait l'être. Ils espèrent même faire payer par les contribuables la part de leurs profits qui n'aurait pas encore été acquittée par les épargnants et les salariés.

La solution : le rééquilibrage du marché par un état de droit

Cette analyse explique parfaitement la façon dont la crise financière actuelle se déroule et dégénère en dépression. Elle a même permis de la prévoir. En application de cette approche, la solution de cette crise supposera soit de revenir à des marchés limités par des frontières et un état de droit national, c'est-à-dire au protectionnisme et aux dévaluations compétitives ; soit de mettre en place à l'échelle du marché mondial un état de droit, c'est-à-dire un système de gouvernement le plus démocratique possible, capable de réguler les marchés sans pour autant laisser une petite minorité d'« initiés » s'arroger les profits tirés des risques et du monopole des informations.

La première solution a été tentée dans les années trente, avec le succès que l'on sait… Aujourd'hui, elle serait encore plus désastreuse du fait de la plus grande imbrication des économies, de l'intensité de la division du travail, de l'intrication des marchés des capitaux, des biens et même du travail.

La seconde solution exige que les marchés, au moins financiers, soient équilibrés par un état de droit efficace. En particulier, que des mécanismes de supervision permettent que l'information soit équitablement répartie et disponible pour tous en même temps. Si l'on ne peut espérer réduire à néant les privilèges de certains dans l'accès à l'information, il faudra au moins les tempérer et, pour cela, mettre en place à l'échelle de la planète une obligation, pour celui qui fait courir un risque à d'autres, d'en prendre sa part, et une supervision des exigences de liquidité. Il faudra limiter les marchés à terme à l'exercice d'activités économiques réelles, et sans doute annuler certaines des créances dues des « initiés ». Il faudra définir en commun ce que peut être une « mauvaise banque » (son périmètre, son mode de fixation de la valeur des actifs).

Il faudra décider d'un partage prévisible, contractuel et loyal de l'épargne mondiale, imposant une réduction de l'endettement des pays sans épargne jusqu'à un niveau finançable par leur production réelle. Il faudra aussi limiter les profits exigés par les « initiés » au niveau de la rentabilité réelle de l'économie. Il faudra encore aller jusqu'à une socialisation des fonctions de supervision, comme la notation : non comme une mesure de représailles, mais comme le seul moyen de faire fonctionner le marché en assurant son contrôle.

Cela supposerait de pouvoir disposer d'une police et d'une justice véritablement planétaires, capables de contrôler et sanctionner tout manquement à ces règles.

Il faudra enfin mettre en œuvre à l'échelle de la planète ce qui a fonctionné à l'échelle de certains pays : des grands travaux et un système de soutien à la création de petites entreprises. En particulier, développer des réseaux de communication permettant d'informer un maximum d'acteurs de l'économie de tout ce qui s'y prépare, de généraliser l'« initiation ».

Utopique ? Bien sûr ! Il n'empêche que c'est la seule et unique solution. À mettre en place d'urgence ! À moins que l'on se résigne, une fois de plus, à attendre que la crise s'aggrave encore, à ce que plus personne ne fasse confiance au marché, à ce que la démocratie elle-même soit dénoncée comme incapable de maîtriser le « golem » qu'elle a créé. C'est l'idéal de la liberté individuelle, qui fonde l'un et l'autre, qui serait alors, une fois encore, remis en cause.

L'utopie est donc une urgence extrêmement concrète. Après tout, pourquoi ne réussirait-on pas à mettre en place rapidement, pour l a finance, une gouvernance aussi efficace que celle qu'on a mise en place pour la sécurité aérienne ou pour le football ?

Chapitre 6

Un programme d'urgence

La crise financière est encore maîtrisable. Cette génération dispose des moyens humains, financiers et technologiques pour faire en sorte qu'elle ne soit qu'un accident de parcours.

La gravité des menaces qui pèsent sur l'économie mondiale, et l'analyse théorique qu'on vient d'en faire plaident pour la mise en place d'un programme cohérent dans tous les pays, en particulier dans ceux où les dérives des marchés des capitaux ont provoqué des ravages. Ce programme peut se définir par une seule ambition : rééquilibrer à l'échelle des nations, du continent, du monde, le pouvoir des marchés par celui de la démocratie. Et d'abord rééquilibrer le pouvoir des marchés financiers par celui de l'état de droit.

Certains ont parlé de la nécessité d'un nouveau Bretton Woods. Or ce n'est pas de monnaies qu'il est le plus urgent de parler, même si la stabilisation du dollar va devenir d'actualité et si la création d'une monnaie unique mondiale sera un jour – plus tôt qu'on ne le croit – nécessaire. Bien d'autres sujets, beaucoup plus impérieux, exigent une série de réformes si l'on veut éviter la dépression.

En toute logique, il faudrait commencer par l'installation d'une gouvernance plus exigeante du système financier global, pour y recréer la transparence et la confiance. Certains dénonceront là les dangers inhérents à une bureaucratie de plus. À tort : toute organisation humaine – fût-elle une entreprise et plus encore une banque – est une « bureaucratie ». La question est de savoir au service de qui elle agit et si elle est suffisamment contrôlée pour remplir sa fonction de la façon la plus efficace. En matière financière, tout ce qui précède montre qu'une réglementation sans cesse mieux adaptée à l'inventivité des marchés et à l'évolution des technologies doit encadrer le risque, nécessaire à la croissance, sans pour autant l'éliminer.

Le monde a plus que jamais besoin que des milliards de créateurs, d'innovateurs, d'entrepreneurs puissent prendre des risques en toute liberté, dans la limite de ce qui pourrait mettre en cause la liberté des autres. Mais nul ne peut évidemment croire que le capitalisme financier se moralisera tout seul : à l'heure actuelle, il est prêt à tout, ou presque, pour que les contribuables aient assez peur de leur propre avenir pour accepter sans trop rechigner de financer ses erreurs. Mais, sitôt qu'il le pourra, il recouvrera sa superbe et recommencera à se développer dans son intérêt propre, en poussant les autres à s'endetter pour son seul bénéfice. Le problème n'est donc pas de « moraliser » le capitalisme, mais de l'insérer dans un état de droit.

Tout ce qui précède démontre que la supervision de la finance est une fonction d'intérêt général qui ne doit pas être laissée, même en partie, aux mains du secteur privé, ni même d'un seul gouvernement qui pourrait imposer des règles conformes à ses propres intérêts, mais désastreuses pour les autres. Une réglementation planétaire, détaillée et sans cesse remise en cause, devrait permettre d'anticiper les déséquilibres et en particulier d'éviter que les fonds publics ne soient utilisés pour recapitaliser les banques. Il est temps de comprendre que cette crise peut être une chance de salut pour le monde, une dernière alerte avant la catastrophe que pourrait déclencher une mondialisation anarchique. Il est temps de se poser ces quelques questions simples : peut-on mettre en place à l'échelle du monde ce qui a réussi un temps à l'échelle des nations ? pourrait-on créer un État mondial (c'est-à-dire une administration, une police, une justice supranationales) à partir de rien ? faut-il créer au niveau mondial un État keynésien ? faut-il relancer une croissance mondiale gaspilleuse en ressources ou bien faut-il souhaiter une croissance faible, pour des raisons écologiques ?

En conformité avec l'analyse précédente, il faudra d'abord remettre de l'ordre dans chaque économie nationale ; en premier lieu dans celle dont tout est parti : l'économie américaine ; puis mettre en place une régulation et une gouvernance supranationales ; enfin lancer de grands travaux planétaires destinés à réorienter la croissance. Pour ce faire, il faudra décider d'un ensemble de mesures décrites ci-après, par ordre croissant de difficulté de mise en œuvre, lequel correspond aussi, malheureusement, inversement à l'ordre croissant de leur urgence. Les énoncer suffira à montrer combien les débats actuels en sont éloignés :

Remettre de l'ordre dans chaque économie nationale

Dans tous les pays, la crise exige de mettre de l'ordre dans les finances publiques.

À commencer par celles du pays d'où tout part et où tout revient, les États-Unis. Le président Barack Obama accède au pouvoir à un moment où chacun, en Amérique, prend conscience que s'ouvre une crise profonde. Comme eut à le faire Franklin Roosevelt en arrivant à la Maison-Blanche au début de la Grande Dépression, comme eut à le faire Ronald Reagan en prenant les commandes au début de la crise du modèle fordiste, Barack Obama devra lancer un programme global de relance, que tous les autres pays devront, de leur côté, adapter à leur situation spécifique. Ce programme visera à :

- reconstituer les fonds propres des banques, encourager massivement le crédit interbancaire, maintenir la liquidité et la solvabilité des banques et donner, si nécessaire, une garantie globale sur tous les dépôts ; exiger des banques qu'elles respectent des obligations de capital contre-cycliques, à la différence de ce à quoi contraignent les accords de Bâle-II, et permettre une comptabilisation moins volatile des institutions financières qui se financent à long terme, en définissant plus strictement des « fonds propres » dits *tier one*, pour n'y laisser que de vrais capitaux ;

• interdire les instruments financiers fondés sur des valeurs d'actifs spéculatifs ; obliger les banques à conserver dans leurs bilans une partie du risque lié aux produits financiers les plus risqués, en particulier des créances qu'elles titrisent interdire aux acteurs du *private equity* d'emprunter plus d'un petit multiple de fois ce qu'ils investissent, et interdire certains mécanismes de vente à découvert, en particulier pour les banques ;

• oser la nationalisation au moins partielle de certaines banques en y prenant le pouvoir, et organiser un cantonnement des produits « toxiques » dans des structures *ad hoc* ; lutter contre la reconstitution d'oligopoles bancaires, et interdire les rémunérations excessives des acteurs du système financier, tout en exigeant que les bonus soient calculés sur plusieurs années ;

• soutenir durablement la demande privée, par l'augmentation des salaires minimaux, le renforcement des pouvoirs des syndicats, la réforme de la fiscalité du revenu ;

• soutenir les secteurs industriels en difficulté, au moins autant qu'on aura soutenu les banques, à condition qu'ils se modernisent et s'adaptent aux exigences écologiques ;

• fournir du capital aux PME pour leur modernisation ;

• mettre en place un système de protection sociale garantissant les revenus en cas de maladie, et prenant en charge les coûts de la santé ; allonger en outre la durée de l'allocation chômage ;

• organiser la stabilisation du marché du logement à un prix plus bas, mais stable ; organiser un moratoire sur les crédits, en particulier au logement, avec un refinancement de l'ensemble des prêts hypothécaires par un organisme d'État très similaire à la Home Owners'Loan Corporation, élément clé du New Deal rooseveltien en 1933 ;

• rendre leurs lettres de noblesse aux métiers d'ingénieur et de chercheur, rendre à l'inverse le métier de banquier modeste et ennuyeux, ce qu'il n'aurait jamais dû cesser d'être ; encadrer aussi à cette fin très strictement les revenus des métiers financiers ;

• exiger qu'on intègre l'évolution de la valeur des actifs mobiliers et immobiliers dans la définition de l'inflation, laquelle ne peut rester définie par la seule évolution des produits consommés par les salariés ;

• la fiscalité le taux d'épargne pour permettre de rembourser les dettes ;

• réduire massivement et progressivement l'endettement de l'ensemble des acteurs pour qu'il redescende de 350 % à moins de 100 % du PIB ;

• conduire ce programme en s'assurant de recettes fiscales *ad hoc* afin que le déficit budgétaire ne dépasse pas 1 T aux États-Unis, comme il est aujourd'hui vraisemblable.

Ce type de mesures devraient être appliquées d'abord aux États-Unis, puis dans chacun des pays concernés, notamment le Japon et les pays européens.

Pour la France, un tel programme s'inscrit dans le cadre des propositions de la Commission de libération de la croissance française, dont l'application intégrale est plus urgente que jamais.

Renforcer la régulation européenne

L'Europe devra, dans chacun des pays membres de l'Union, appliquer les réformes présentées ci-dessus et se doter d'instruments de régulation spécifique. De fait, comment l'Europe pourrait-elle légitimement réclamer une réforme du système monétaire international si elle n'est pas capable elle-même de mettre en place des institutions adaptées à son propre niveau ?

Certes, les Européens disposent déjà d'une monnaie unique, qui s'est révélée formidablement utile dans les derniers mois ; et d'une politique commune de la concurrence qui devrait s'appliquer aussi en matière bancaire ; mais ils n'ont rien qui les rapproche d'une gouvernance financière européenne. Les Européens n'ont même pas, dans tous ces domaines, mis en place le moindre commencement d'harmonisation des politiques nationales : bien des produits dérivés sont interdits dans certains pays et autorisés en d'autres ; maintes pratiques spéculatives sont encouragées sur certaines places et vilipendées sur d'autres. Les Européens n'ont même pas de définition commune du concept de « paradis fiscal » ou de place financière *off shore* ; ni de conception commune de la fiscalité du capital, ni de réglementation commune des marchés à terme ou des *hedge funds* ; ni d'instance commune de régulation des marchés financiers : il n'existe pas d'équivalent européen de l'AMF ou de la SEC, et les directives en la matière attendent encore d'être finalisées. Dans bien des domaines réglementaires, les Européens se plient à ce qui vient de Wall Street, de la Fed, de la SEC, de la Trésorerie américaine, et (en particulier en matière comptable) d'organismes *ad hoc*, très largement contrôlés par les acteurs américains ou pliés aux règles ou à l'absence de règles de la City qui, en la matière, constitue la plus exotique des places *off shore* !

Les pays membres de l'Union, ou du moins ceux de l'Eurogroup, devraient donc se doter d'institutions capables de surveiller tous les acteurs financiers européens (même et surtout ceux qui ne sont pas des banques), d'interdire à leurs institutions financières de travailler avec des places financières *off shore* et des paradis fiscaux situés hors de l'Union, et de prohiber, selon des définitions communes à tous, telle ou telle pratique au sein de l'Union, en particulier à la City.

Au-delà, il leur faudra se doter d'un prêteur européen de dernier ressort qui ne soit ni la BCE, ni les gouvernements nationaux, ni la BEI, mais une entité nouvelle ayant pour mission de garantir les institutions financières européennes en difficulté, si elles sont viables, et disposant de la possibilité de participer à leur capital et de leur fournir de la dette subordonnée.

Pour éviter qu'elles ne mettent à bas tout le processus de la construction européenne en plaçant les institutions financières au service des seuls intérêts nationaux de leurs actionnaires publics, il faudrait que la Commission européenne dispose en effet d'un outil de nationalisation à son niveau, que l'on pourrait appeler « unionisation », et que la Commission puisse aussi isoler les actifs « toxiques » des banques européennes qui réduisent la valeur des fonds propres de ces banques, dans une structure *ad hoc*, comme fit la Suède, avec grand succès, en 1992.

Aujourd'hui, rien ne permet juridiquement à la Commission de devenir actionnaire d'entreprises, ni même de s'opposer au changement des normes de *tier one* par les banques centrales. Rien ne lui permet non plus de financer une telle dépense par son budget exsangue, limité de surcroît à 1,28 % du PIB européen. Si on ne veut pas que l'inquiétude relative à la solidité du système bancaire européen vienne s'ajouter à celle, qui s'annonce, relative à la solvabilité de certains gouvernements, sans doute faudra-t-il cependant en venir là.

Si l'Union ne le fait pas (et il y a très peu de chances, en l'état actuel des esprits, qu'elle le fasse), le G20 ou le G24 ne le fera pas non plus. Et tout cela se terminera par un replâtrage avant l'arrivée d'une nouvelle crise beaucoup plus grave encore.

Mettre en place un système réglementaire financier global

Il n'est pas encore pensable d'utiliser le FMI pour mettre en place une monnaie mondiale unique. Il n'est pas non plus indispensable d'imaginer de le remplacer ou de le compléter par d'autres instances pour contrôler le système financier mondial. Il faut au contraire y regrouper tous les pouvoirs de surveillance aujourd'hui épars, et les renforcer considérablement. En conséquence, le FMI devra :

• devenir le lieu où toutes les autorités nationales se mettent d'accord sur les réformes financières qu'elles vont accomplir chez elles, parmi celles énoncées ci-dessus ;

• disposer des moyens d'être vraiment le prêteur de dernier ressort (il ne dispose aujourd'hui pour aider le monde entier que de 0,25 T, ce qui est dérisoire !). Il faudra sans doute pour cela lever une taxe spécifique sur les institutions financières et leurs échanges, inspirée du projet Tobin ;

• devenir le lieu de mise en place d'une réglementation financière véritablement supranationale ; il devra pour cela mettre en place un *système réglementaire financier global* obligeant au respect par chaque pays, y compris les paradis fiscaux, des règles édictées plus haut, et d'une procédure globale d'échange d'informations fiscales et financières ;

• reprendre le rôle tenu par l'informalité incestueuse de la BRI qui aurait dû disparaître en 1945 par suite du rôle qu'elle joua auprès des nazis, et qui est restée depuis lors un club fermé, secret, de quelques banquiers centraux ;

• décider d'une harmonisation des montants des dépôts garantis et des fonds propres, du périmètre et de la valorisation des éventuelles « *bad banks* » remplacement des accords de Bâle-II sur les exigences en capital des banques et des normes comptables IFRS par des exigences internationales équitablement négociées ;

• exercer la tutelle des agences de notation qui devront devenir des entreprises à but non lucratif ;

• conditionner la capacité d'opérer comme institution financière, n'importe où dans le monde, à une autorisation octroyée par un pays membre du FMI et donc adhérant au système réglementaire financier universel ;

• disposer de procédures concrètes et efficaces d'entraide judiciaire internationale pour l'application de cette réglementation financière, et pour établir une définition commune des places financières *off shore*. Il devra en particulier lutter contre la reconstitution d'oligopoles bancaires dans chaque pays, et organiser la traçabilité des produits financiers ;

• avoir l'autorité nécessaire pour organiser la restructuration de la dette souveraine de tous les pays, y compris celle des États-Unis, et donc intervenir dans la réorientation de leurs politiques économiques. Il devra aussi jouer un rôle dans la politique d'harmonisation des taux d'intérêt et, pour cela, exiger des banques centrales qu'elles luttent contre l'inflation des actifs, lesquels ne devront plus croître plus vite, en moyenne, que les salaires ;

• suivre le transfert de richesses des épargnants vers les lieux d'investissement en vue de servir à une réelle production de richesses, pour éviter qu'il ne soit détourné par le système financier. Il devra en particulier étudier les sources d'épargne à long terme, dont celles des pays pétroliers, pour la plupart capables d'investir ailleurs que chez eux.

Le FMI doit enfin commencer à réfléchir à une monnaie unique mondiale, sur le modèle du *bancor* de Keynes, ou d'un panier de monnaies incluant au moins le dollar, le yen, le renminbi et l'euro. Cette monnaie unique devra un jour prendre le relais du dollar, dont le plongeon paraît inéluctable. Sans elle, le retour du protectionnisme est inévitable.

Une gouvernance internationale

Pour établir l'équilibre du marché et de la démocratie, condition d'un développement harmonieux à l'échelle de la planète, il faudrait en toute logique créer les instruments nécessaires à l'exercice d'une souveraineté globale : un parlement (un homme, une voix), un gouvernement, une application planétaire de la Déclaration universelle des droits de l'homme et de ses protocoles ultérieurs, une mise en œuvre des décisions de l'OIT en matière de droit du travail, une banque centrale, une monnaie commune, une fiscalité planétaire, une police et une justice planétaires, un revenu minimal planétaire, des notateurs planétaires, un contrôle global des marchés financiers.

*

À l'évidence, tout cela est, pour très longtemps encore, hors de portée. Comme l'était la création des Nations unies à la veille de la Seconde Guerre mondiale. Et sans doute faudra-t-il malheureusement attendre une guerre bien plus atroce encore pour que la perspective de telles réformes soit prise au sérieux.

Une économie planétaire ainsi régulée par un système réglementaire pourrait souffrir des mêmes crises que celles que fait courir l'ultralibéralisme dans chaque pays. Pour éviter un tel résultat, il faudra être capable d'inscrire cette action dans le cadre d'un véritable projet de société, au service des vrais gens, et donner à un État planétaire les moyens, bien supérieurs à ceux dont dispose l'actuelle Banque mondiale, d'organiser une justice sociale et d'initier de grands travaux à l'échelle internationale, permettant d'investir à contre-cycle pour compenser à la fois l'excès d'optimisme et l'excès de pessimisme.

Ces grands travaux devront en particulier aider à réorienter massivement l'économie vers des activités non polluantes, vers les énergies renouvelables, les télécommunications, les infrastructures urbaines. Ils devront contribuer en particulier à développer des réseaux d'information équitables. Ces grands travaux pourront être financés par une taxe sur les émissions de gaz à effet de serre.

*

Il est vraisemblable qu'on ne fera rien ou presque de ce qui précède : à moins qu'une catastrophe (que personne ne saurait souhaiter) n'impose une révision déchirante, personne, et surtout pas les États-Unis, n'acceptera de se soumettre à une solution supranationale : il a fallu mille ans de guerres intestines pour que les Européens s'y résignent un peu. Nous n'avons pas eu encore un millénaire de guerres mondiales...

Pour commencer, il faut donc se borner à espérer la mise en place d'une gouvernance mondiale modeste. Cela passerait par cinq décisions qui peuvent être prises très rapidement :

1. Élargir le G8 au G24 ;
2. Fusionner le G24 et le Conseil de sécurité en un « Conseil de gouvernance » regroupant puissance économique et légitimité politique ;

3. Placer le Fonds monétaire international, la Banque mondiale et les autres institutions financières internationales sous l'autorité de ce Conseil de gouvernance ;

4. Réformer la composition des conseils et des droits de vote dans ces institutions financières internationales, dont le FMI et la Banque mondiale, pour en faire le reflet du nouveau Conseil de sécurité ;

5. Doter ces institutions de moyens financiers adéquats.

Chapitre 7

Ultime avertissement, promesses d'avenir

Si la tâche colossale esquissée au chapitre précédent n'est pas mise en œuvre, si on se contente d'un timide replâtrage dans l'espoir de passer au travers d'une longue récession, on ne peut exclure que, malgré tout, la crise s'éloigne d'ici deux ou trois ans, que les États-Unis continuent d'attirer tous les capitaux du monde et reprennent le dessus, laissant à nouveau les marchés financiers agir à leur guise. Des progrès techniques fourniront de formidables sources de croissance. Et on oubliera tous ces enjeux avec un lâche soulagement. Jusqu'à ce que se reforment de nouvelles bulles pour fabriquer de nouvelles rentes, et qu'éclatent de nouvelles crises financières et économiques. De nouvelles violences, aussi.

Peut-être alors saura-t-on saisir enfin la formidable opportunité que représentent les nouvelles technologies, pour inventer un monde neuf.

Les crises financières à venir

Au-delà de la crise actuelle, les inégalités se creuseront, de nouveaux outils financiers viendront attirer l'épargne, l'endettement reprendra. De nouvelles crises financières mondiales pourront survenir. Ces crises viendront se greffer sur une nouvelle finance radicalement différente de l'actuelle, beaucoup plus intégrée, beaucoup plus variée, utilisant toutes les ressources des nouvelles technologies de communication.

Même si les « petites boutiques », spécialisées comme banques-conseils, liées à un individu ou à une famille, continueront d'exister pour organiser fusions et rapprochements d'entreprises, même si de grandes institutions financières continueront d'inventer des produits rendus possibles par les technologies à venir, en particulier par l'Internet des objets, il deviendra bientôt possible de faire de la banque tout à fait autrement.

En particulier par le téléphone mobile : celui-ci permet déjà à 4 milliards d'individus de communiquer, et à plus de 10 millions (en particulier des clients d'institutions de microfinance) de procéder à des opérations bancaires simples.

Son marché potentiel est énorme : aujourd'hui, 88 % des humains n'ont pas accès à des moyens de placer leur épargne, 63 % n'ont pas accès au crédit, et presque autant à une assurance.

Les transferts d'argent par téléphone mobile représenteront au moins 140 milliards de dollars dans cinq ans. Le téléphone mobile permettra même, un jour proche, à plus de 6 milliards d'individus de payer des transactions, de gérer leurs comptes bancaires et d'épargne, même leurs comptes à terme, de jouer en bourse et de créer par eux-mêmes des produits ultra-sophistiqués : chacun, même le moins formé, pourra un jour calculer des dérivés et confectionner des produits structurés sur son téléphone. Le concept même d'« initié » changera alors de nature.

Voilà qui révolutionnera complètement les marchés financiers dans le monde entier. D'abord les compagnies de télécommunications, détentrices des fichiers et des technologies, pourront concurrencer les banques si elles choisissent de ne pas s'allier à elles. Ensuite de tels nouveaux produits financiers, issus d'abord du microcrédit, surgiront partout, adaptés à ce que seront devenus les téléphones mobiles ; ce qui permettra à des milliards de gens de participer en direct ou par des intermédiaires – des « initiés » – aux marchés financiers. Cela accélérera massivement l'intégration des plus pauvres dans le marché mondial.

Enfin, les actuels organes de supervision, ou ceux qui seront créés selon les principes énoncés plus haut, auront d'extrêmes difficultés à comprendre les évolutions de ces marchés, à contrôler le caractère légal des transferts et même la quantité de monnaie émise par ces échanges, et à en prévenir les déséquilibres. D'ores et déjà, certains régulateurs (Inde, Chine, Mexique) exigent que ces transactions transitent par des comptes bancaires. Le contrôle monétaire et la supervision bancaire exigeront d'empiéter sur la vie privée des gens pour connaître en détail ce qu'ils auront fait avec leurs téléphones.

Voilà qui créera de nouveaux types d'« initiés » et de nouvelles formes de marché aujourd'hui encore difficiles à concevoir. Et donc des formes de crises financières encore plus malaisées à prévenir. Dans moins de vingt ans, en tout cas, des crises financières globales seront entièrement générées par ce système complexe global intégrant finance et technologies de communication.

Les autres dangers : l'avenir des systèmes complexes globaux

Le marché, système complexe composé des milliards d'habitants de la planète, n'est pas le seul système complexe global. La crise actuelle devrait d'ailleurs être à tout le moins l'occasion de prendre conscience que l'interdépendance des milliards d'habitants de la planète et des milliards de milliards de machines regroupées en systèmes complexes est déjà devenue pratiquement irréversible.

On n'a dès lors aucune peine à en déduire que d'autres événements terribles pourraient aussi nous menacer si d'autres systèmes complexes, non financiers, venaient, comme le système financier aujourd'hui, à échapper à tout contrôle et à toute prévision.

Et surtout le plus important des systèmes complexes imaginables : celui du *climat*, dont un dérèglement massif pourrait déclencher une situation aussi incontrôlable et une panique du même type que celle que nous connaissons aujourd'hui sur les marchés financiers.

L'enjeu serait évidemment beaucoup plus grave que celui dont nous parlons ici : le dérèglement du système financier pourra, au pire, provoquer une dépression de grande ampleur, des centaines de millions de chômeurs et une guerre majeure ; alors qu'une éventuelle dégradation climatique majeure pourrait anéantir l'humanité.

D'abord des données chiffrées : le coût de l'impact écologique des émissions de gaz à effet de serre (ces produits « toxiques », pour employer le mot également utilisé pour désigner les produits financiers dérivés) a été évalué à 3 T, soit le même ordre de grandeur que les pertes actuelles liées à la crise financière. Un rapport de la Commission européenne rappelle que l'économie du monde gaspille chaque année 5 T du fait de la seule déforestation. Et personne ne prend le problème au sérieux. Or, alors qu'on vient de trouver en un mois 4 T pour sauver le système bancaire mondial, il n'a jamais été possible de dégager seulement 0,02 T par an pour lutter utilement contre la faim dans le monde, ou pour sauver la forêt brésilienne, ou pour généraliser le microcrédit aux 600 millions de familles qui en feraient le meilleur usage !

Aujourd'hui ces montants sont encore accessibles, et ces enjeux sont donc encore gérables. Mais, demain, en raison de l'indifférence collective, de la « positive attitude » des puissants, l'impact des dérèglements du système climatique ne peut que s'aggraver, et, avec lui, le niveau des températures, le niveau des océans, la fonte des glaciers, la force des tempêtes.

Si ce dérèglement climatique s'accélère aussi vite que s'est emballée la crise financière, on se rendra compte que, comme pour l'économie mondiale, non seulement il n'y a pas de pilote dans l'avion, mais qu'il n'y a pas non plus de cabine de pilotage. Les évolutions de température deviendraient définitives ; plus aucune action humaine, plus aucune dépense, aussi élevée soit-elle, ne pourrait empêcher les pôles de fondre, les déserts de s'étendre, le niveau de la mer de monter, les ouragans de se renforcer en nombre et en puissance. Des espèces animales disparaîtraient, la vie sous-marine deviendrait pratiquement impossible, des espèces inconnues d'insectes feraient leur apparition. Des centaines de millions de gens seraient contraints de déménager, quittant là l'intérieur des terres, là les côtes, sans vraiment savoir où aller. La température pourrait même si bien augmenter (au-delà des 4, 6 ou 8 degrés évoqués par les hypothèses les plus pessimistes) qu'une grande partie de la planète deviendrait invivable ; des phénomènes naturels pourraient même conduire à libérer des puits de méthane sous-marins, entraînant des émissions massives à ciel ouvert, asphyxiant rapidement l'humanité entière sans qu'on puisse ni agir, ni même trouver un quelconque refuge, y compris pour les élites les plus fortunées ou les mieux informées.

Il serait alors trop tard pour se lamenter de ne pas avoir écouté ceux qui avaient prévenu (à commencer par les auteurs du rapport Meadows en 1972) ; pour regretter de ne pas avoir agi quand il était encore temps ; pour s'en vouloir de ne pas avoir pris les mesures modestes, limitées, parfaitement supportables, qui auraient suffi à inverser les tendances et à relancer une formidable vague de croissance sur la base de technologies simples, aujourd'hui disponibles, permettant de réduire massivement les émissions de gaz à effet de serre.

Cette hypothèse est extrême. Mais pas plus que ne l'était l'hypothèse d'une crise des *subprimes*, annoncée par plusieurs experts, conduisant à une perte générale de contrôle sur les produits dérivés, « toxiques » ou non, à l'arrêt quasi total des crédits interbancaires, à la faillite de banques, d'entreprises, de nations, et à la dépression planétaire massive, durable, incontrôlable, qui nous menace désormais.

Dans l'un et l'autre cas, nous nous trouvons confrontés à un système complexe global, une sorte de « golem », sans intention ni but, capable à la fois de servir l'homme au mieux et de tout détruire sur son passage, parce qu'aucune considération éthique ne l'anime.

Comme vis-à-vis de tout golem, il serait temps de nous servir de notre sens du bien et du mal pour le maîtriser avant qu'il ne nous échappe. Il serait temps de faire de sa menace une chance.

À cette fin, profitons de cette crise pour prendre conscience de quatre vérités simples, mais trop souvent oubliées :

• Chacun, laissé libre de le faire, va au bout de ce qui peut servir ses intérêts, même au détriment de ceux de ses propres descendants ;

• L'humanité ne peut survivre que si chacun des humains se rend compte qu'il a intérêt au mieux-être des autres ;

• Le travail, sous toutes ses formes, surtout à visée altruiste, est la seule justification de l'appropriation de richesses ;

• Le temps est la seule denrée vraiment rare ; toute activité qui contribue à en augmenter la disponibilité et à lui conférer sa plénitude doit être particulièrement bien rémunéré.

Si cette crise peut aider à mieux s'imprégner de ces évidences qui vont bien au-delà du monde de la finance, le mal aura été, une fois de plus, source de bien ; la transgression aura été à l'origine de la maîtrise. Il deviendra même possible d'espérer un monde d'abondance dont les marchés ne seront plus qu'une des composantes efficaces et non plus, comme aujourd'hui, les maîtres absolus.

Un monde où les seules crises seront celles de la vie privée avec ses chagrins et ses joies, ses rassurantes routines et ses glorieuses surprises.

GLOSSAIRE

ABS (*asset-backed securities*) : valeur mobilière adossée à des actifs, créée par titrisation. Les ABS sont parfois constituées d'un portefeuille de crédits immobiliers hypothécaires.

Agence de notation : entreprise dont le rôle consiste à évaluer la solidité financière des États, des entreprises et des instruments financiers, en leur décernant une note. Lestrois plus grandes agences de notation internationales sont Moody's, Standard & Poor's et Fitch Ratings.

Alt-A : crédit hypothécaire immobilier où l'emprunteur n'a pas connu d'incident de paiement sérieux dans les vingt-quatre derniers mois (à l'inverse des *subprimes*).

Arbitrage : pratique consistant à tirer un profit des légères différences de prix pouvant exister temporairement entre deux actifs similaires (par exemple une action et un dérivé de celle-ci).

BCE : Banque centrale européenne.

Certificats de dépôt : titres à court terme équivalant aux billets de trésorerie des entreprises.

CDO (*collateralized debt obligation*) : titre de dettes fondé sur des titres de plusieurs actifs, généralement des ABS (*asset-backed securities*) (notamment des RMBS), des actions et obligations.

CDS (*credit default swap*) : contrat d'assurance entre deux entités quelconques contre un risque encouru par l'une des deux entités, par exemple le non-paiement d'une dette. Le prix du CDS témoigne de la confiance accordée à tel ou tel émetteur d'une créance et sert de base pour en fixer la valeur.

Covered bonds : obligations adossées à des crédits immobiliers ou à des prêts à des collectivités locales. En cas de défaut de paiement de l'émetteur, l'investisseur peut se rembourser sur les actifs donnés en garantie.

Dérivé : un dérivé (produit ou contrat dérivé) est un contrat de gré à gré, qui définit des flux financiers futurs entre l'acheteur et le vendeur, et dont la valeur dérive d'un actif sous-jacent. Il existe différents types de dérivés comme les *futures*, les *swaps*, les *options*…

Émission subordonnée senior : obligation dont le remboursement dépend de celui des investisseurs dans la dette de premier rang, *senior* de bonne qualité.

FED (Federal Reserve Bank) : Banque centrale américaine.

Hedge funds : fonds d'investissement caractérisé par des stratégies d'investissement risquées et fondées sur l'usage de produits dérivés. Les *hedge funds* sont souvent localisés dans des paradis fiscaux ou réglementaires.

LBO (*leverage buy out*) : opération d'achat avec effet de levier. Un groupe d'investisseurs (souvent des fonds de *private equity*) rachète une entreprise, principalement au moyen d'une dette remboursée par les profits futurs réalisés par la société.

Monoline **(rehausseur de crédit)** : organisme financier qui apporte sa garantie à un emprunt afin de faire bénéficier l'emprunteur de sa propre notation (*rating*).

Notation (*rating*) : note attribuée à un État, une entreprise ou un actif titrisé par une agence de notation en fonction de sa solidité financière, et destinée à indiquer au marché le *spread* (écart) de taux d'intérêt qu'il convient d'appliquer.

Private equity **(*capital investment*)** : le *private equity* est une activité consistant, pour un fonds d'investissement, à prendre une participation au capital (*equity*, par opposition à la dette) dans des sociétés généralement non cotées.

Repo (*repurchase agreement*) : opération de rachat d'actifs consistant à céder obligations, actions ou autres à une contrepartie, en général une banque centrale, à un taux défini pour un temps donné. Au terme, le cédant doit racheter ces actifs en remboursant sa dette.

RMBS (*residential mortgage-backed securities*) : titre adossé à un ensemble de crédits hypothécaires immobiliers de type *subprime*, *Alt-A* ou *prime*. Le détenteur d'un RMBS reçoit les remboursements du capital et des intérêts des crédits immobiliers qui y sont titrisés.

SEC (US Securites and Exchange Commission) : la SEC est l'autorité de régulation des marchés financiers aux États-Unis.

Spread : écart entre deux valeurs, mesurant généralement le risque pris.

Subprime : crédit hypothécaire immobilier pour des emprunteurs ayant connu de nombreux incidents de paiement dans les vingt-quatre derniers mois précédant l'octroi du prêt, ne disposant pas d'emploi stable ou étant déjà très endettés par ailleurs (dettes de cartes de crédit, prêts étudiants, prêts automobiles...).

SCHÉMAS

2001-2006 : genèse de la crise

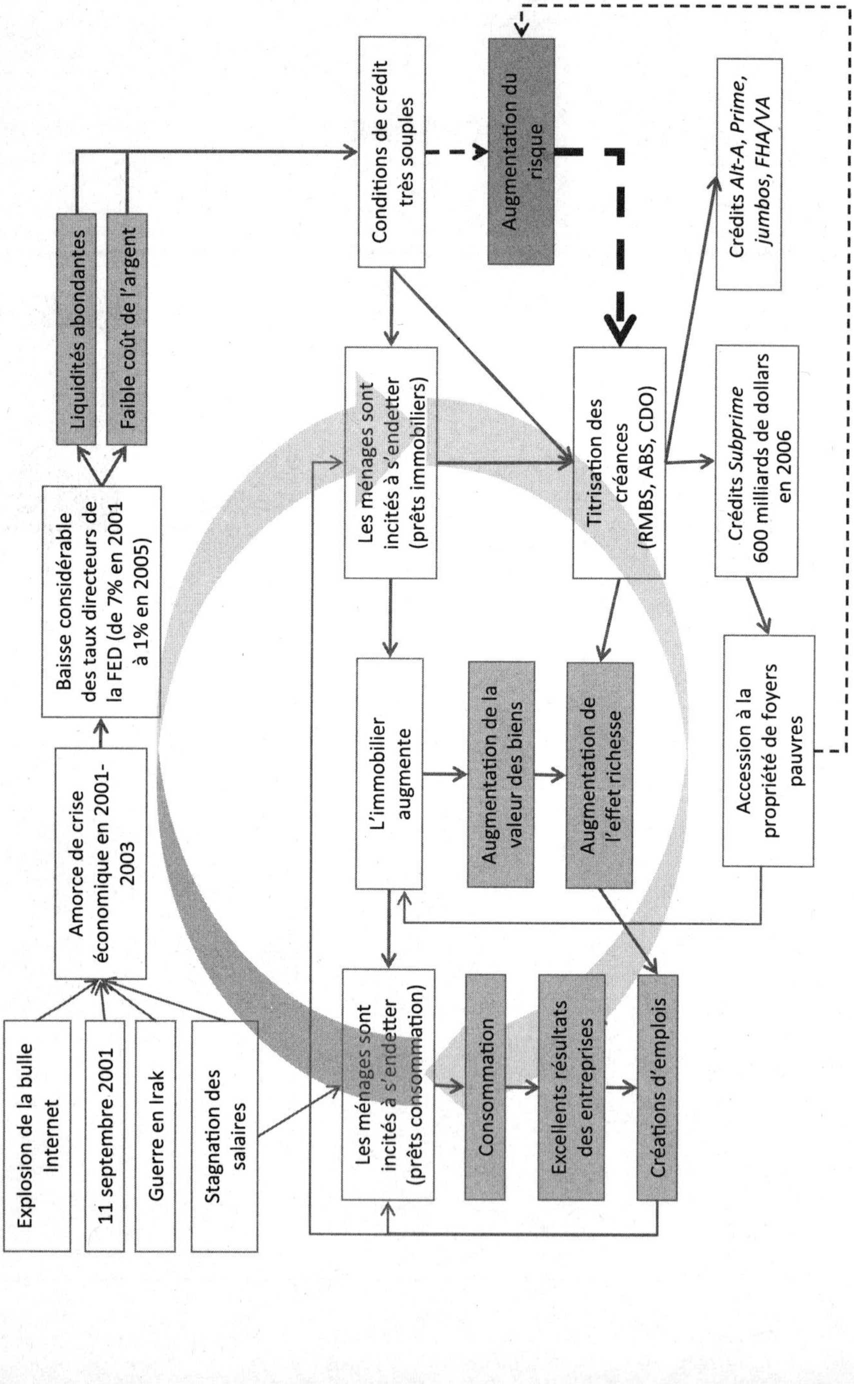

2006-2007 : la machine se grippe

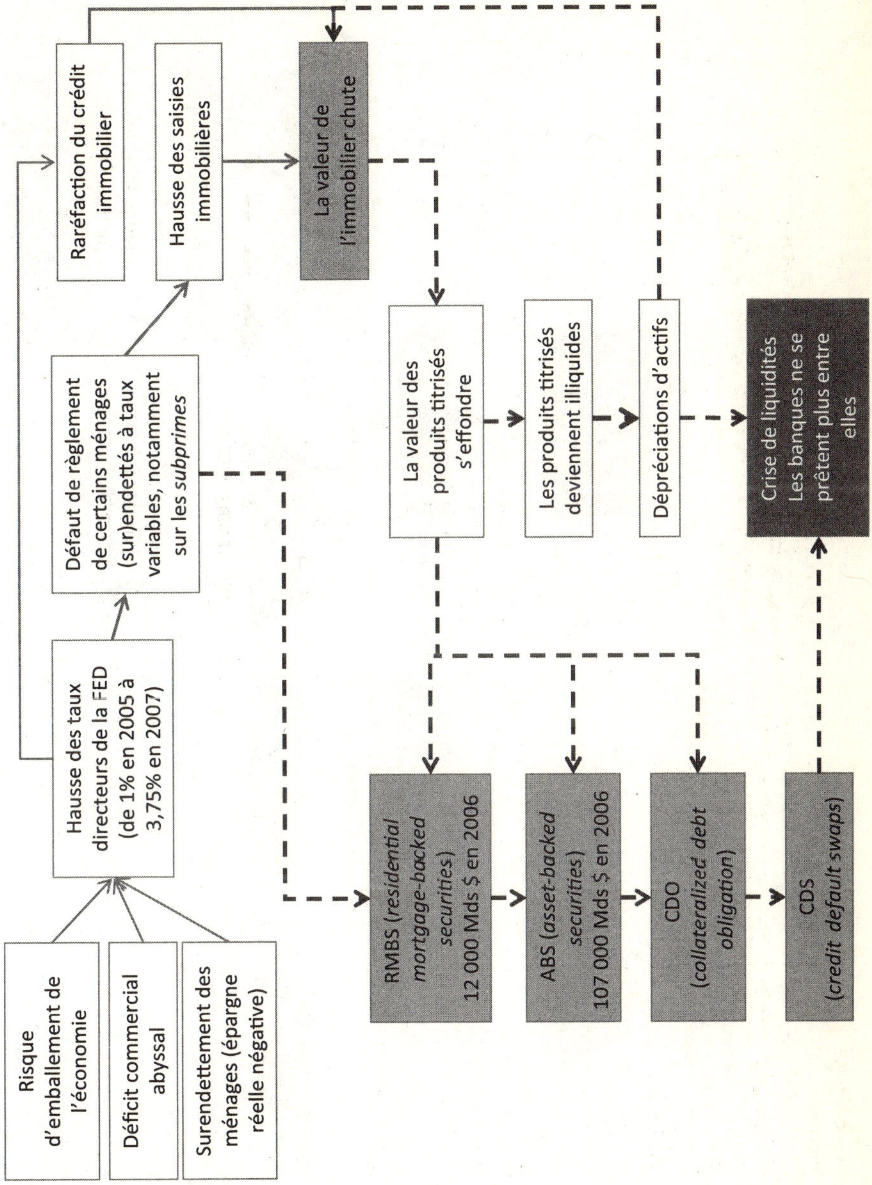

2008-2010 : extension de la crise

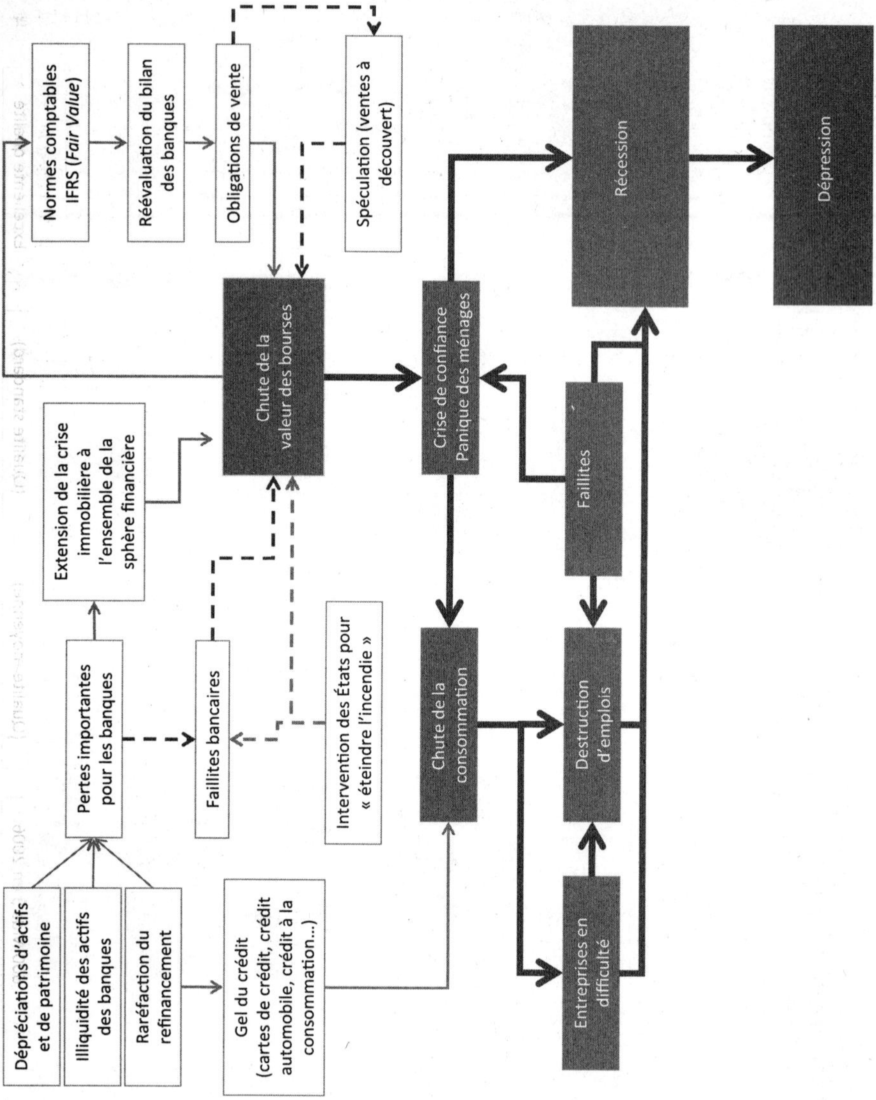

Les divers instruments de crédits

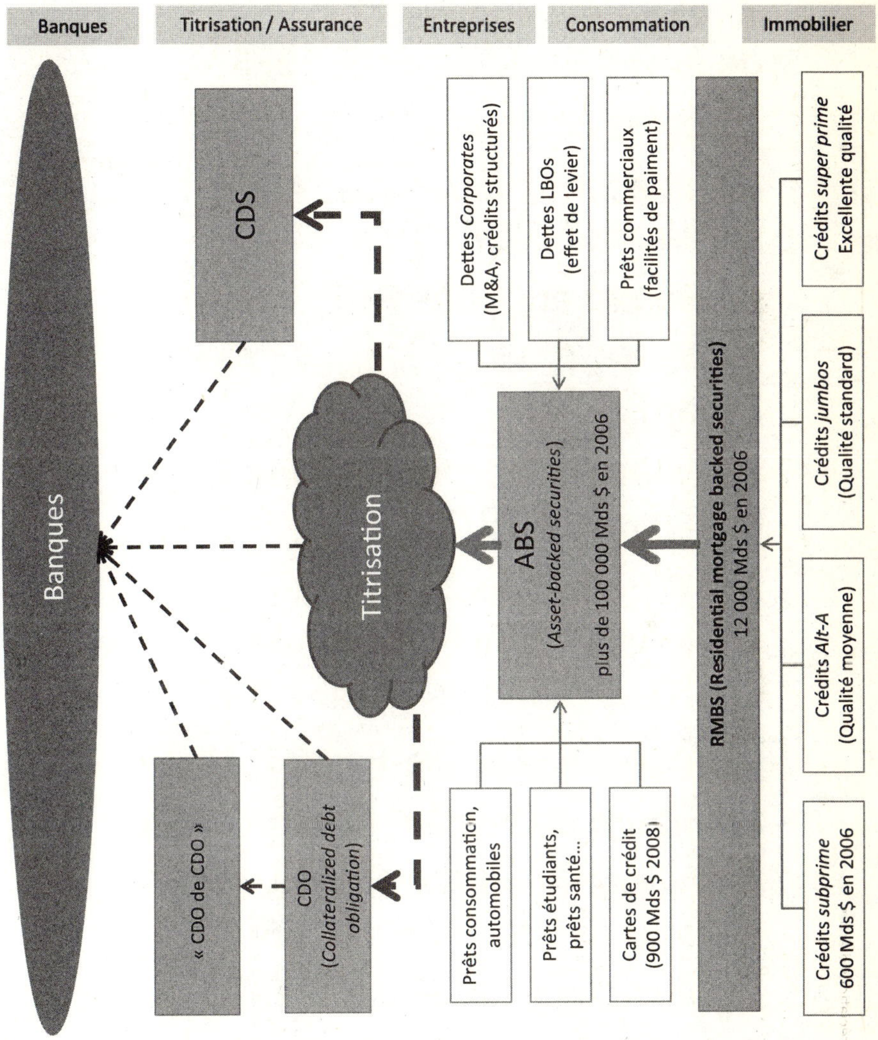

DU MÊME AUTEUR

Essais

Analyse économique de la vie politique, PUF, 1973.

Modèles politiques, PUF, 1974.

L'Anti-économique (avec Marc Guillaume), PUF, 1975.

La Parole et l'Outil, PUF, 1976.

Bruits, PUF, 1977, nouvelle édition Fayard, 2000.

La Nouvelle Économie française, Flammarion, 1978.

L'Ordre cannibale, Histoire de la médecine, Grasset, 1979.

Les Trois Mondes, Fayard, 1981.

Histoires du Temps, Fayard, 1982.

La Figure de Fraser, Fayard, 1984.

Au propre et au figuré, Histoire de la propriété, Fayard, 1988.

Lignes d'horizon, Fayard, 1990.

1492, Fayard, 1991.

Économie de l'Apocalypse, Fayard, 1994.

Chemins de sagesse : traité du labyrinthe, Fayard, 1996.

Dictionnaire du XXI*e siècle*, Fayard, 1998.

Fraternités, Fayard, 1999.

La Voie humaine, Fayard, 2000.

Les Juifs, le monde et l'argent, Fayard, 2002.

L'Homme nomade, Fayard, 2003.

Foi et raison, Bibliothèque nationale de France, 2004.

Une brève histoire de l'avenir, Fayard, 2006.

Dictionnaire amoureux du judaïsme, Plon/Fayard, janvier 2009.

Romans

La Vie éternelle, roman, Fayard, 1989.

Le Premier Jour après moi, Fayard, 1990.

Il viendra, Fayard, 1994.

Au-delà de nulle part, Fayard, 1997.

La Femme du menteur, Fayard, 1999.

Nouv'elles, Fayard, 2002.

La Confrérie des Éveillés, Fayard, 2004.

Biographies

Siegmund Warburg, un homme d'influence, Fayard, 1985.

Blaise Pascal ou le génie français, Fayard, 2000.

Karl Marx ou l'esprit du monde, Fayard, 2005.

Gândhî ou l'éveil des humiliés, Fayard, 2007.

Théâtre

Les Portes du Ciel, Fayard, 1999.

Du cristal à la fumée, Fayard, 2008.

Contes pour enfants

Manuel, l'enfant-rêve (ill. par Philippe Druillet), Stock, 1995.

Mémoires

Europe(s), Fayard, 1994.

Verbatim I, Fayard, 1993.

Verbatim II, Fayard, 1995.

Verbatim III, Fayard, 1995.

C'était François Mitterrand, Fayard, 2005.

Rapports

Pour un modèle européen d'enseignement supérieur, Stock, 1998.

L'Avenir du travail, Fayard/Manpower, 2007.

300 décisions pour changer la France, rapport de la Commission pour la libération de la croissance française, XO, 2008.

Beaux livres

Mémoire de sabliers, collections, mode d'emploi, éditions de l'Amateur, 1997.

Amours. Histoires des relations entre les hommes et les femmes, avec Stéphanie Bonvicini, Fayard, 2007.

Imprimé en Italie par Puntoweb srl
Dépôt légal : mars 2009